ANIMAL HATS
MÜTZEN FÜR DEN GROSSSTADT-DSCHUNGEL

Der Trend der Superstars jetzt zum Selberstricken! Nicht nur in Hollywood, sondern auch hier bei uns bringen Animal Hats Abwechslung und Spaß in den Alltag.

Diese verspielten, mit liebevollen Details ausgestatteten Mützen halten nicht nur schön warm, sondern bereiten auch viel Freude beim Stricken und Tragen.

Die Modelle können nach Herzenslust variiert werden, im Handumdrehen wird aus dem Wolf ein Bär oder aus der Giraffe eine Kuh. Lass deiner Kreativität freien Lauf.

Strick dir deinen eigenen Zoo. Oder vielleicht eine Katze für dich und einen Hund für den Liebsten.

TSCHÜSS
GRAUER WINTERALLTAG,

HALLO
TIERISCHE ABWECHSLUNG!

Einfache Mützen

GRUNDANLEITUNG
EINFACHE MÜTZEN

Größen Die Angaben für einen Kopfumfang von 53-56 cm stehen vor, die für einen Kopfumfang von 57-60 cm nach dem Schrägstrich. Steht nur eine Angabe, gilt diese für beide Größen. Die Mützen sind elastisch und passen auch, wenn die Größe etwas über oder unter den angegebenen Maßen liegt. Für einen Kopfumfang über 61 cm je nach Garnart und Maschenprobe auf jeder Nd 1-2 M/4-8 M mehr anschl, vor der 1. Abnahme 4-5 Rd (ca. 2 cm) mehr str und ggf. 1 Abnahme-Rd mehr arb. Für einen Kopfumfang von 49-52 cm je nach Garnart und Maschenprobe auf jeder Nd 1-2 M/4-8 M weniger anschl, vor der 1. Abnahme 4-5 Rd (ca. 2 cm) weniger str und ggf. 1 Abnahme-Rd weniger arb.

Anschlag Die bei den einzelnen Modellen jeweils angegebene Anzahl an M anschl, gleichmäßig auf 4 Nd des Ndspiels verteilen und zur Rd schließen (siehe Seite 65). Darauf achten, dass sich der Anschlagrand hierbei nicht verdreht.
Besonders einfach ist der Anschl mit einer Rundstricknd. Nach dem Anschlag noch die 1. R (= Rückr) im Bündchenmuster (1 R rechts oder 1 M rechts und 1 M links im Wechsel) str. Erst dann von der Rundstricknd zum Ndspiel wechseln. Die M auf 4 Nd des Ndspiels verteilen, zur Rd schließen und mit der 2. Rd des Bündchenmusters fortfahren. Die kleine Lücke am Anfang später beim Vernähen der Fadenenden mit 1-2 Stichen schließen.

Bündchenmuster Den Rd-Anfang mit einem Maschenmarkierer kennzeichnen (siehe Seite 65). Über die bei den einzelnen Modellen angegebene Anzahl an Rd hinweg fortlaufend im Wechsel 1 Rd links und 1 Rd rechts (= Querrippen) oder 1 M rechts und 1 M links (= Längsrippen) str.

Mittelteil In Rd fortlaufend rechte M str, bis die angegebene Anzahl an Rd erreicht ist.

Abnahmen Mit den Abnahmen für die Mütze beginnen. In den jeweils angegebenen Rd auf jeder Nd die mittleren 3 M als doppelte Abnahme mit aufliegender Mittelm str (siehe S. 64). Alle übrigen M sowie die M in den Rd zwischen den Abnahmen weiter rechts str.

Abschluss Nach der letzten Rd den Faden nach ca. 20 cm abschneiden und mit einer Wollnd durch die verbliebenen M ziehen. Die M zuziehen und die Fadenenden vernähen.

Tipp Eine Auflistung der verwendeten Abkürzungen ist auf der hinteren Umschlagklappe zu finden.

Laubfrösche sind echte Kletterprofis, selbst spiegelglatte Flächen erklimmen sie mühelos. Nachts geht es auf Nahrungssuche. Alles, was sich bewegt, wird dabei bevorzugt. In lauen Sommernächten werben

EUROPÄISCHER LAUBFROSCH

Hyla arborea

die Laubfroschmännchen in ganzen Balzchören lauthals um die Gunst der Weibchen. Im Winter mögen es Laubfrösche gern frostfrei und suchen deshalb Höhlen und Spalten im Untergrund auf.

Anleitung

Mütze 60/64 M in Neon Grün mit dem Ndspiel 7,0 mm anschl und gleichmäßig auf 4 Nd 4x 15 M/16 M verteilen. M zur Rd schließen. 3 Rd im Bündchenmuster str. Weiter glatt rechts arb. In der 22./26. Rd mit den Abnahmen beginnen. Hierfür je Nd in der 22./26. Rd die 7.-9. M, in der 25./29. Rd die 6.-8. M, in der 28./32. Rd die 5.-7. M, in der 30./34. Rd die 4.-6. M, in der 32./36. Rd die 3.-5. M, in der 34./38. Rd die 2.-4. M und in der 35./39. Rd die 1.-3. M als doppelte Abnahme mit aufliegender Mittelm (siehe Seite 64) str. Den Faden abschneiden und damit die restlichen 4/8 M zuziehen.

Augen In Schwarz eine Anfangsschlinge bilden und mit der Häkelnd 2 Lm häkeln. 6 fM in die Anfangsschlinge häkeln und diesen Kreis mit 1 Kettm schließen (siehe Seite 69). In 2. Rd = Schwarz in jede M 2 fM häkeln (= 12 M). In 3. Rd = Weiß in jede 2. M 2 fM häkeln (= 18 M). In 4. Rd = Grün in jede 3. M 2 fM häkeln (= 24 M). Den Faden abschneiden und durch die Schlinge ziehen. In Grün einen Kreis wie den schwarzen aus 6 fM in 1. Rd und 12 fM in 2. Rd häkeln. Nach der 2. Rd den Faden abschneiden. Diesen Kreis so auf die Augenrückseite nähen, dass die schwarzen und weißen Flächen abgedeckt werden. Das 2. Auge genauso arb.

Fertigstellen Beide Augen etwas unterhalb der Kopfmitte rechts und links einer Abnahmelinie an die Mütze nähen (siehe Modellbild). In Schwarz den Mund mit Stielstich halbrund aufsticken und die Nasenlöcher mit 2 kleinen Spannstichen andeuten. Fadenenden gut vernähen. Mütze anfeuchten, spannen und gut trocknen lassen.

Loop 84 M in Neon Grün anschl und zur Rd schließen. Den Rd-Anfang mit einem Maschenmarkierer kennzeichnen und 3 Rd kraus rechts str. Weiter glatt rechts str. Nach 47 Rd noch 3 Rd kraus rechts str. Die M rechts abk. Fadenenden gut vernähen. Loop anfeuchten, spannen und gut trocknen lassen.

Einfache Mützen

Schwierigkeitsgrad 1

Grösse
Kopfumfang
53-56/57-60 cm
Loop 70 cm x 27 cm

Material
Mütze Schachenmayr/SMC Boston (LL 55 m/50 g) in Neon Grün (Fb 171), 100 g, in Schwarz (Fb 99) und in Natur (Fb 2), Reste • Nadelspiel 7,0 mm • Häkelnadel 5,0-6,0 mm
Loop Schachenmayr/SMC Boston (LL 55 m/50 g) in Neon Grün (Fb 171), 150 g • Rundstricknadel 7,0 mm, 60 cm lang

Maschenprobe
Glatt rechts mit Nd 7,0 mm
12 M und 18 R = 10 cm x 10 cm

Bündchenmuster
Im Wechsel 1 Rd linke M und 1 Rd rechte M str.

Glatt rechts
In Rd alle M rechts str.

Doppelte Abnahme mit aufliegender Mittelm
2 M gleichzeitig wie zum Rechtsstr abheben, 1 M rechts str, abgehobene M überziehen.

Waldohreulen sind leidenschaftliche Mäuse-Jäger, die vor allem in der Dämmerung und nachts auf Beutefang gehen. Sie gelten als recht gesellig und bilden im

WALDOHREULE

Asio otus

Winter gelegentlich Schlafgemeinschaften mit anderen Waldohreulen. Für die Dauer einer Brutsaison finden sich Paare in einer Art Saisonehe zusammen.

Anleitung

Mütze 48/52 M mit dem Ndspiel 10,0 mm in Aqua mouliné anschl und gleichmäßig auf 4 Nd 4x 12/13 M verteilen. M zur Rd schließen. 2 Rd im Bündchenmuster str. Weiter glatt rechts in Rd arb. In der 18./22. Rd mit den Abnahmen beginnen. Hierfür je Nd in der 18./22. Rd die 5.-7./6.-8. M, in der 22./26. Rd die 4.-6./5.-7. M, in der 25./29. Rd die 3.-5./4.-6. M, in der 28./32. Rd die 2.-4./3.-5. M, in der 30./34. Rd die 1.-3./2.-4. M und bei der größeren Mütze noch 1x in der 35. Rd die 1.-3. M als doppelte Abnahme mit aufliegender Mittelm (siehe Seite 64) str. Den Faden abschneiden und damit die restlichen 8/4 M zuziehen.

Schnabel 11 M mit Stricknd 5,5,0 mm in Orange anschl. Glatt rechts in R str. In der 1., 3., 5., 7. und 9. R (= Hinr) die mittleren 3 M als doppelte Abnahme mit aufliegender Mittelm str. Den Faden anschließend abschneiden und durch die letzte M ziehen.

Augen In Schwarz eine Anfangsschlinge bilden und mit der Häkelnadel 2 Lm häkeln. 6 fM in die Anfangsschlinge häkeln und diesen Kreis mit 1 Kettm schließen (siehe Seite 69). In 2. Rd = Schwarz in jede M 2 fM häkeln (= 12 M). In 3. Rd = Grün in jede 2. M 2 fM häkeln (= 18 M). In 4. Rd = Weiß in jede 3. M 2 fM häkeln (= 24 M). Den Faden abschneiden und durch die Schlinge ziehen. Das 2. Auge genauso arb.

Ohrbüschel 10 M mit Nd 10,0 mm in Aqua mouliné anschl. Glatt rechts in R str. In der 3. R (= Hinr) die 2.-4. und 7.-9. M und in der 5. R die 1.-3. und 4.-6. M als doppelte Abnahme mit aufliegender Mittelm str. Den Faden abschneiden und durch die letzten 2 M ziehen. Teil der Länge nach zur Hälfte legen, seitliche Naht im Matratzenstich (siehe Seite 67) schließen. 2 weiße, 12 cm lange Fäden zuschneiden und als Fransen (siehe Seite 75) in die Ohrbüschelspitzen knoten. Die Fransen etwas einkürzen und die Fadenenden buschig aufwirbeln. Das 2. Ohrbüschel genauso arb.

Fertigstellen Den Schnabel mittig zwischen zwei Abnahmelinien und direkt oberhalb des Bündchens mit Steppstichen (siehe Seite 71) auf die Mütze nähen. Augen rechts und links des Schnabels, die Ohrbüschel oben auf der Mütze annähen (siehe Modellbild). Fadenenden gut vernähen. Die Mütze anfeuchten, spannen und gut trocknen lassen.

Schwierigkeitsgrad 1

Grösse
Kopfumfang 53-56/57-60 cm

Material
Schachenmayr/SMC Kadina Light (LL 40 m/50 g) in Aqua mouliné (Fb 51), 100 g und in Natur (Fb 2), Rest • Schachenmayr/SMC Boston (LL 55 m/50 g) in Neon Grün (Fb 171), Rest • Schachenmayr/SMC Extra Merino Big (LL 80 m/50 g) in Orange (Fb 134) und Schwarz (Fb 199), Reste • Nadelspiel 10,0 mm • Stricknadeln 5,5,0 mm • Häkelnadel 5,0-6,0 mm

Maschenprobe
Glatt rechts mit Nd 10,0 mm
9 M und 15 R = 10 cm x 10 cm

Bündchenmuster
Im Wechsel 1 M links und 1 M rechts str.

Glatt rechts
In Rd alle M rechts str. In Hinr alle M rechts und in Rückr alle M links str.

Randmaschen
In Hinr rechts und in Rückr links str.

Doppelte Abnahme mit aufliegender Mittelm
2 M gleichzeitig wie zum Rechtsstr abheben, 1 M rechts str, abgehobene M überziehen.

Einfache Mützen

Einfache Mützen

Die Hausmaus ist auch im Winter aktiv, von Winterschlaf keine Spur. In der Nähe des Menschen wird sie bevorzugt nachts aktiv. Nur wenn sie sich sicher fühlt, kommt sie

MAUS *Mus musculus*

auch tagsüber aus ihrem Versteck. So still, wie wir vermuten, sind Mäuse dabei keineswegs. Sie kommunizieren untereinander per Ultraschall.

Anleitung

Mütze 68/72 M in Kiesel meliert mit dem Ndspiel 6,0 mm anschl und gleichmäßig auf 4 Nd 4x 17/18 M verteilen. M zur Rd schließen. 3 Rd im Bündchenmuster str. Weiter glatt rechts arb. In der 24./28. Rd mit den Abnahmen beginnen. Hierfür je Nd in der 24./28. Rd die 8.-10. M, in der 27./31. Rd die 7.-9. M, in der 30./34. Rd die 6.-8. M, in der 32./36. Rd die 5.-7. M, in der 34./38. Rd die 4.-6. M, in der 36./40. Rd die 3.-5. M, in der 38./42. Rd die 2.-4. M und in der 39./43. Rd die 1.-3. M als doppelte Abnahme mit aufliegender Mittelm (siehe Seite 64) str. Den Faden abschneiden und damit die restlichen 4/8 M zusziehen.

Ohren Für ein Ohr 10 M in Rosa mit 2 Nd des Spiels anschl und 6 verkürzte R (siehe Seite 66) mit abnehmender M-Zahl arb. Mit 1 U wenden und über alle M je 1 Hin- und Rückr str, dabei die U mit der jeweils folgenden M zusstr. In der 8. R nach der 3. M den Faden abschneiden und in Kiesel weiterarb. Noch je 1 Hin- und Rückr über alle M str. 6 verkürzte R mit zunehmender M-Zahl arb und die U an den Wendestellen mit der jeweils folgenden M zusstr. Mit 1 U wenden, 2 R glatt rechts str. Alle M abk. Die seitlichen und die unteren Ränder mit Matratzenstichen verbinden (siehe Seite 67). Das Ohr auf der rosafarbenen Seite innen zusfalten und die unteren Ränder von der Ohrmitte aus über zwei Drittel zusnähen. Das 2. Ohr genauso arb.

Nase 5 M in Rosa mit Nd 6,0 mm anschl.
1. R (= Hinr): 1 M rechts, 3 M rechts überzogen zusstr (siehe Seite 64) und 1 M rechts str.
2. R (= Rückr): Alle M links str.
3. R: 3 M rechts überzogen zusstr.
Den Faden abschneiden und durch die M ziehen.

Augen Mit Häkelnd 4,5-5,0 mm 2 einzelne Kreise häkeln. Dafür in Schwarz je 2 Lm anschl. In die Anfangsschlinge zurück 6 fM arb (siehe Seite 69). Die Rd jeweils mit 1 Kettm schließen.

Fertigstellen Die Nase mittig zwischen zwei Abnahmelinien und etwas oberhalb des Bündchens mit Steppstichen (siehe Seite 71) auf die Mütze nähen. Beiderseits der Nase in Schwarz je 3 Schnurrhaare im Stielstich aufsticken. Die Augen beidseitig oberhalb der Nase auf die Mütze nähen. Die Ohren ringsum am Anschl- bzw. Abkettrand im Matratzenstich annähen. Die Fadenenden vernähen. Die Mütze anfeuchten, spannen und gut trocknen lassen.

Schwierigkeitsgrad 1

Grösse
Kopfumfang 53-56/57-60 cm

Material
Schachenmayr/SMC Silenzio (LL 60 m/50 g) in Kiesel meliert (Fb 90), 100 g und in Rosa (Fb 35), 50 g
• Schachenmayr/SMC Extra Merino Big (LL 80 m/50 g) in Schwarz (Fb 199), Rest
• Nadelspiel 6,0 mm
• Häkelnadel 4,5-5,0 mm

Maschenprobe
Glatt rechts mit Nd 6,0 mm 13 M und 18 R = 10 cm x 10 cm

Bündchenmuster
Im Wechsel 1 M links und 1 M rechts str.

Glatt rechts
In Rd alle M rechts str. In Hinr alle M rechts und in Rückr alle M links str.

Randmaschen
In Hinr rechts und in Rückr links str.

Verkürzte Reihen mit abnehmender M-Zahl
1. R (= Hinr): Rechts str und am R-Ende 1 M ungestrickt lassen, wenden.
2. R (= Rückr): 1 U, links str und am R-Ende 1 M ungestrickt lassen, wenden.
3. R: 1 U, rechts str und am R-Ende 2 M ungestrickt lassen, wenden.
4. R: 1 U, links str und am R-Ende 2 M ungestrickt lassen, wenden.
5. R: 1 U, rechts str und am R-Ende 3 M ungestrickt lassen, wenden.
6. R: 1 U, links str und am R-Ende 3 M ungestrickt lassen.

Verkürzte Reihen mit zunehmender M-Zahl
1. R (= Hinr): Rechts str und am R-Ende 3 M ungestrickt lassen, wenden.
2. R (= Rückr): 1 U, links str und am R-Ende 3 M ungestrickt lassen, wenden.
3. R: 1 U, rechts str und am R-Ende 2 M ungestrickt lassen, wenden.
4. R: 1 U, links str und am R-Ende 2 M ungestrickt lassen, wenden.
5. R: 1 U, rechts str und am R-Ende 1 M ungestrickt lassen, wenden.
6. R: 1 U, links str und am R-Ende 1 M ungestrickt lassen.

Hauskatzen sind keine Einzelgänger, wie man lange Zeit vermutete, sondern sehr soziale Tiere. Auf der Jagd sind sie trotzdem lieber allein unterwegs. Ihre Augen verfügen über eine besondere

KATZE *Felis silvestris catus*

Restlichtverstärkung und sehen somit auch in der Dämmerung oder bei Nacht sehr gut. Das Lernen fällt ihnen leicht und so wissen sie schnell, wie man zum Beispiel eine Tür mit Klinke öffnet.

Anleitung

Mütze 72/76 M in Flieder mit dem Ndspiel 5,0 mm anschl und gleichmäßig auf 4 Nd (4x 18/19 M) verteilen. M zur Rd schließen. 5 Rd im Bündchenmuster str. Weiter glatt rechts arb. In der 31./36. Rd mit den Abnahmen beginnen. Hierfür je Nd in der 31./36. Rd die 9.-11. M, in der 35./40. Rd die 8.-10. M, in der 38./43. Rd die 7.-9. M, in der 41./46. Rd die 6.-8. M, in der 43./48. Rd die 5.-7. M, in der 45./50. Rd die 4.-6. M, in der 47./52. Rd die 3.-5. M, in der 49./54. Rd die 2.-4. M und bei der größeren Mütze in der 55. Rd noch 1x die 1.-3. M als doppelte Abnahme mit aufliegender Mittelm (siehe Seite 64) str. Den Faden abschneiden und damit die restlichen 8/4 M zuziehen.

Nase 7 M mit Nd 5,0 mm in Weiß anschl und 2 R glatt rechts str. 3. R (= Hinr): 1 M rechts, 2 M rechts überzogen zusstr (siehe Seite 64), 1 M rechts, 2 M rechts zusstr, 1 M rechts str.
4. R (= Rückr): Alle M links str.
5. R: 1 M rechts, 3 M überzogen zusstr (siehe Seite 64) und 1 M rechts str.
Den Faden abschneiden und damit die letzten 3 M zuziehen.

Augen In Weiß 2 kleine Ovale aus je 1 Rd häkeln (siehe Seite 69). Hierfür 2 Lm anschl, 1 fM in die Anfangsschlinge, 1 Lm, 1 Stb in die Einstichstelle der fM, 1 Lm, 2 fM in die Einstichstelle der fM, 1 Lm, 1 Stb in die Einstichstelle der fM, 1 Lm und 1 fM in die Einstichstelle der fM häkeln. Die Rd mit 1 Kettm schließen.

Ohren Für ein Ohr 13 M mit Nd 5,0 mm in Weiß anschl und 12 verkürzte R (siehe Seite 66) mit abnehmender M-Zahl arb. In der 13. R wenden, 1 U und 1 M rechts str. Den Faden abschneiden und nach der Mittelm mit Flieder weiterarb. Über alle M je 1 Hin- und Rückr str und mit der Mittelm enden. Dabei die U mit der jeweils folgenden M zusstr. 12 verkürzte R mit zunehmender M-Zahl arb und die U an den Wendestellen mit der jeweils folgenden M zusstr. Alle M abk. Die seitlichen und unteren Ränder im Matratzenstich verbinden (siehe Seite 67). Die Fadenenden gut vernähen. Das 2. Ohr genauso arb. Die Ohren anfeuchten, spannen und gut trocknen lassen.

Fertigstellen Die Nase mittig zwischen zwei Abnahmelinien und etwas oberhalb des Bündchens mit Steppstichen (siehe Seite 71) auf die Mütze nähen. Beiderseits unterhalb der Nase in Weiß je 3 Schnurrhaare im Stielstich aufsticken. In jedes Augenoval ein Glasauge stecken und jeweils beides zusammen oberhalb der Nase aufnähen. Die Fadenenden gut vernähen. Die Mütze anfeuchten, spannen und gut trocknen lassen. Die Ohren lt. Modellbild ringsum am Anschlag- bzw. Abkettrand mit Matratzenstich annähen.

Einfache Mützen

Schwierigkeitsgrad 2

Größe
Kopfumfang 53-56/57-60 cm
Stulpen Handumfang
18-20/21-23 cm

Material
Nadelspiel 5,0 mm
• Häkelnadel 4,5-5,0 mm
Mütze SMC select Apiretto
(LL 105 m/50 g) in Flieder
(Fb 8105), 50 g und in Weiß
(Fb 8125), 50 g • 2 Katzen-
Glasaugen in Grün, ø 14 mm
Stulpen SMC select Apiretto
(LL 105 m/50 g) in Flieder
(Fb 8105), 50 g und in Weiß
(Fb 8125), Rest • Maschen-
raffer oder größere Sicher-
heitsnadel

Maschenprobe
Glatt rechts mit Nd 5,0 mm
14 M und 24 R = 10 cm x
10 cm

Bündchenmuster
Im Wechsel 1 Rd linke M und
1 Rd rechte M str.

Glatt rechts
In Rd alle M rechts str. In Hinr
alle M rechts und in Rückr alle
M links str.

Randmaschen
In Hinr rechts und in Rückr
links str.

**Doppelte Abnahme mit
aufliegender Mittelm**
2 M gleichzeitig wie zum
Rechtsstr abheben, 1 M rechts
str, abgehobene M überziehen.

2 M rechts überzogen zusstr
1 M wie zum Rechtsstr abh,
nächste M rechts str, abgehobene M überziehen.

3 M überzogen zusstr
1 M wie zum Rechtsstr abh,
nächste 2 M rechts zusstr,
abgehobene M überziehen.

**Verkürzte Reihen mit
abnehmender M-Zahl**
1. R (= Hinr): Rechts str und
am R-Ende 1 M ungestrickt
lassen, wenden.
2. R (= Rückr): 1 U, links str
und am R-Ende 1 M unge-
strickt lassen, wenden.
3. R: 1 U, rechts str und am
R-Ende 2 M ungestrickt
lassen, wenden.
4. R: 1 U, links str und am
R-Ende 2 M ungestrickt
lassen, wenden.
Die 3. und 4. R noch 4x wdh,
dabei am R-Ende immer 1 M
mehr ungestrickt lassen.

**Verkürzte Reihen mit
zunehmender M-Zahl**
1. R (= Hinr): Rechts str und
am R-Ende 6 M ungestrickt
lassen, wenden.
2. R (= Rückr): 1 U, links str
und am R-Ende 6 M unge-
strickt lassen, wenden.
3. R: 1 U, rechts str und am
R-Ende 5 M ungestrickt
lassen, wenden.
4. R: 1 U, links str und am
R-Ende 5 M ungestrickt
lassen, wenden.
Die 3. und 4. R noch 4x wdh,
dabei am R-Ende immer 1 M
weniger ungestrickt lassen.

Stulpen 26/31 M mit dem Ndspiel 5,0 mm in Flieder anschl und gleichmäßig auf 3 Nd (8/9/9/10/11/10 M) verteilen. M zur Rd schließen. 5 Rd im Bündchenmuster str. Weiter glatt rechts arb. In der 22./28. Rd 4/5 M gleichmäßig verteilt zunehmen. Hierfür vor der 1., 7., 15. und 21./1., 7., 13., 19. und 25. M je 1 M rechts verschränkt aus dem Querfaden (siehe Seite 64) zunehmen (= 30/36 M) und die M gleichmäßig auf 3 Nd 3x 10/12 M verteilen.

In der 24./30. Rd für den Daumen die 3./4. M markieren. Davor und danach je 1 M rechts verschränkt aus dem Querfaden zunehmen. Dies noch 7/8x in jeder 2. Rd vor und nach den vorhergehenden Zunahmen wdh (= 46/54 M). In der 39./47. Rd die M für den Daumen (= 17/19 M) mithilfe eines Maschenraffers oder einer Sicherheitsnadel stilllegen. Oberhalb der stillgelegten M 1 M neu dazu anschlagen und in Rd weiterarb. Nach der 50./60. Rd noch 5 Rd im Bündchenmuster str und die M anschließend nicht zu locker abk.

Die stillgelegten M für den Daumen aufnehmen und auf 3 Nd verteilen. Die 1. Rd rechts str. 5 Rd im Bündchenmuster arb, dabei in der 2. und 4. Rd des Bündchenmusters oberhalb der kleinen Öffnung zwischen Daumen und Handschuhinnen- und -außenseite je 2 M rechts zusstr (= 15/17 M). Die M im Anschluss nicht zu locker abk und die Öffnung zwischen Daumen und Handschuhinnen- und -außenseite mit ein paar Stichen schließen. Die 2. Stulpe gegengleich arb, dabei für den Daumen die 8./9. M der 3. Nd markieren.

Pfoten Für die mittlere Fläche 9 M in Weiß mit Nd 5,0 mm anschl und 2 R glatt rechts str.
3. R (= Hinr): 1 M rechts, 2 M rechts überzogen zusstr (siehe Seite 64), 3 M rechts, 2 M rechts zusstr und 1 M rechts str.
4., 6. und 8. R (= Rückr): Alle M links str.
5. R: Alle M rechts str.
7. R: 1 M rechts, 2 M rechts überzogen zusstr, 1 M rechts, 2 M rechts zusstr und 1 M rechts str.
Den Faden abschneiden und damit die letzten 5 M zuziehen. Eine 2. Fläche genauso arb. Noch 8 einzelne, leicht ovale, weiße Flächen aus je 5 fM in 1 Rd häkeln (siehe Seite 69).

Fertigstellen Auf den Handinnenseiten der Stulpen je eine größere Fläche mit der Spitze in Richtung zu den Fingern und 4 kleine Ovale darüber anordnen. Diese ringsum mit Steppstichen (siehe Seite 71) annähen. Die Fadenenden vernähen. Die Stulpen anfeuchten, spannen und gut trocknen lassen.

Einfache Mützen

Schwierigkeitsgrad 3

Grösse
Kopfumfang 53-56/57-60 cm

Material
Schachenmayr/SMC Boston (LL 55 m/50 g) in Gelb (Fb 21), 100 g, in Schoko (Fb 10) und in Natur (Fb 2), je 50 g • Schachenmayr/SMC Extra Merino Big (LL 80 m/50 g) in Schwarz (Fb 199), Rest • Füllwatte in Weiß, Rest • Nadelspiel 7,0 mm • Häkelnadel 4,5-5,0 mm

Maschenprobe
Glatt rechts mit Nd 7,0 mm
12 M und 18 R = 10 cm x 10 cm

Bündchenmuster
Im Wechsel 1 Rd linke M und 1 Rd rechte M str.

Glatt rechts
In Rd alle M rechts str. In Hinr alle M rechts und in Rückr alle M links str.

Randmaschen
In Hinr rechts und in Rückr links str.

Intarsientechnik
Nach Strickschrift arb, dabei mit der 1. R (= Hinr) beginnen. Dargestellt sind Hin- und Rückr. In den Hinr die Strickschrift von rechts nach links und in den Rückr von links nach rechts ablesen. Die freien Flächen zwischen den M sind ohne Bedeutung. Die M jeweils in der Farbe des Hintergrunds der Zeichen str. Dafür jeweils 1 extra Knäuel verwenden. Beim Farbwechsel die Fäden auf der Rückseite der Mütze miteinander verkreuzen, damit keine Löcher entstehen.

Mit ihrem langen Hals ist die Giraffe das höchste Tier der Erde. Das Futter in den Baumwipfeln macht ihr dort niemand streitig. Giraffen sind sehr gesellig und kommunizieren im für

GIRAFFE
Giraffa camelopardalis

Menschen unhörbaren Infraschallbereich. Als wahre Schlafkünstler kommen sie in der Nacht mit wenigen Minuten Tiefschlaf aus. Darüber hinaus dösen sie meist im Stehen.

Anleitung (Strickschrift Seite 72)
Mütze 60/64 M in Gelb mit dem Ndspiel 7,0 mm anschl und gleichmäßig auf 4 Nd (4x 15/16 M) verteilen. M zur Rd schließen. 3 Rd im Bündchenmuster str. Weiter glatt rechts arb. In der 22./26. Rd mit den Abnahmen beginnen. Hierfür je Nd in der 22./26. Rd die 7.-9. M, in der 25./29. Rd die 6.-8. M, in der 28./32. Rd die 5.-7. M, in der 30./34. Rd die 4.-6. M, in der 32./36. Rd die 3.-5. M, in der 34./38. Rd die 2.-4. M und in der 35./39. Rd die 1.-3. M als doppelte Abnahme mit aufliegender Mittelm str. Den Faden abschneiden und damit die restlichen 4/8 M zuziehen.

Schnauze 16 M in Natur mit Nd 7,0 mm anschl. 14 R glatt rechts str. Die M abk. Einen Faden ringsum durch den Rand ziehen und zuziehen, bis sich die Schnauze wölbt. Die Fadenenden miteinander verknoten.

Hörner Für ein Horn 8 M in Gelb mit Nd 7,0 mm anschl, auf 4 Nd verteilen und zur Rd schließen. 10 Rd in Gelb und 4 Rd in Schoko glatt rechts str. Den Faden abschneiden und damit die 8 M zuziehen. Das 2. Horn genauso arb. Die Hörner mit etwas Füllwatte ausstopfen.

Ohren Für ein Ohr einen 1,75 m langen, gelben Faden abschneiden und damit 2 M anschl. Dazu 1 M in Weiß und 5 M in Gelb jeweils mit den Fäden der Knäule mit 2 Nd des Spiels anschl. In Intarsientechnik (siehe Seite 66) nach Strickschrift arb. Nach der 15. R den Faden abschneiden und damit die letzten 4 M zuziehen. Die seitliche Naht im Matratzenstich (siehe Seite 67) schließen. Das 2. Ohr genauso arb. Die Fadenenden vernähen. Ohren anfeuchten, spannen und gut trocknen lassen.

Nasenlöcher und Augen Mit Häkelnd 4,5-5,0 mm 4 einzelne Kreise häkeln. Dafür in Schwarz je 2 Lm anschl. In die Anfangsschlinge zurück 6 fM arb (siehe Seite 69). Die Rd jeweils mit 1 Kettm schließen.
2 halbe Ovale in Natur arb. Für 1 halbes Oval 2 Lm anschl. In 1. R in die Anfangsschlinge zurück 5 fM arb. Die 2. R mit 1 Lm beginnen und in die 1. M 1 fM, in die 2. M 2 fM, in die 3. M 2 Stb (siehe Seite 68), in die 4. M 1 Stb und 1 fM und in die 5. M 2 fM häkeln. Je 1 schwarzen Kreis als Pupille auf ein Auge nähen.

Fertigstellen 2 schwarze Kreise als Nasenlöcher auf die Schnauze nähen. Die Schnauze mit etwas Füllwatte ausstopfen. Diese mittig zwischen zwei Abnahmelinien über dem Bündchen auf die Mütze heften, dann ringsum im Matratzenstich (siehe Seite 67) annähen. Die Augen beidseitig oberhalb der Schnauze im Steppstich (siehe Seite 71) auf die Mütze nähen. Die Fadenenden vernähen. Die Mütze anfeuchten, spannen und gut trocknen lassen. Die Hörner etwas unterhalb der Mützenmitte und die Ohren seitlich daneben jeweils ringsum im Matratzenstich annähen, (siehe Modellbild). 60 ca. 25 cm lange, schokofarbene Fäden zuschneiden. Für die Fransen je 2 Fäden (siehe Seite 75) in 2 Reihen entlang der rückwärtigen Mitte und oben auf der Mütze zwischen den Hörnern einknüpfen.

Einfache Mützen

Schwierigkeitsgrad 3

Grösse
Kopfumfang 53-56/ 57-60 cm

Material
Schachenmayr/SMC Colorful (LL 70 m/50 g) in Ethno color (Fb 82), 100 g • Schachenmayr/SMC Extra Merino Big (LL 80 m/50 g) in Wollweiß (Fb 102), 50 g und Schwarz (Fb 199), Rest • Füllwatte in Weiß, Rest • Nadelspiel 5,0 mm • Häkelnadel 4,5-5,0 mm

Maschenprobe
Glatt rechts mit Nd 5,0 mm 16 M und 22 R = 10 cm x 10 cm

Glatt rechts
In Rd alle M rechts str. In Hinr alle M rechts und in Rückr alle M links str.

Randmaschen
In Hinr rechts und in Rückr links str.

Bündchenmuster
1. Rd: Alle M links str.
2. Rd: Alle M rechts str und dabei auf der 2. Nd die 13.-15. M als doppelte Abnahme mit aufliegender Mittelm str.
3. Rd: Alle M links str.
4. Rd: Die M der 1. Nd und die 1.-11. M der 2. Nd rechts str. Die 12.-14. M der 2. Nd als doppelte Abnahme mit aufliegender Mittelm str, direkt im Anschluss wenden und für das Kinn 8 verkürzte R mit zunehmender M-Zahl arb. Die restlichen M der Rd rechts str.
5. Rd: Alle M rechts str und dabei auf der 2. Nd den U mit der 7. M rechts zusstr.

Verkürzte Reihen (siehe Seite 66) mit zunehmender M-Zahl
1. R (= Rückr): 1 U, 1 M links str, wenden.
2. R (= Hinr): 1 U, 1 M rechts, 1 U mit der folgenden M rechts zusstr, wenden.
3. R: 1 U, 2 M links, 1 U mit der folgenden M links zusstr, wenden.
4. R: 1 U, 3 M rechts, 1 U mit den folgenden 2 M rechts zusstr, wenden.
5. R: 1 U, 4 M links, 1 U mit den folgenden 2 M links zusstr, wenden.
6. R: 1 U, 5 M rechts, 1 U mit der folgenden M rechts zusstr, wenden.
7. R: 1 U, 6 M links, 1 U mit der folgenden M links zusstr, wenden.
8. R: 1 U, 7 M rechts, 1 U mit der folgenden M rechts zusstr.

Kordel stricken
Mit 2 Nd des Spiels arb. 6 M anschl und rechts abstr. * Die M wieder zurück an das andere Nd-Ende schieben. Die M wieder von der Vorderseite rechts abstr, dabei den Faden bei der 1. M fest anziehen. Den Vorgang ab * stets wdh. So entsteht eine runde Kordel.

Nicht von dieser Welt reagiert der Alien äußerst nervös und irritiert auf ihm nicht vertraute Umgebungen, Geräusche und Gerüche. Ein Groß-

ALIEN *Bestia exterrestris*

stadttrip ist für ihn Horror und Abenteuer zugleich. Äußerst lern- und anpassungsfähig findet er sich aber schnell überall zurecht.

Anleitung (Strickschrift Seite 73)

Mütze 90/98 M in Ethno color mit dem Ndspiel 5,0 mm anschl und auf 4 Nd (21/27/21/21 M bzw. 23/29/23/23 M) verteilen. Die M zur Rd schließen. 5 Rd im Bündchenmuster str, dabei werden für die Form in 2. und 4. Rd je 2 M und in der 4. und 5. verkürzten R je 1 M, also insgesamt 6 M auf der 2. Nd, abgenommen. So liegen nun auf jeder Nd 21 bzw. 23 M. Glatt rechts weiterarb. In der 27./33. Rd mit den Abnahmen beginnen. Hierfür je Nd in der 27./33. Rd die 10.-12. M, in der 31./37. Rd die 9.-11. M, in der 35./41. Rd die 8.-10. M, in der 38./44. Rd die 7.-9. M, in der 41./47. Rd die 6.-8. M, in der 43./49. Rd die 5.-7. M, in der 45./51. Rd die 4.-6. M, in der 47./53. Rd die 3.-5. M, in der 48./54. Rd die 2.-4. M und in der 49./55. Rd die 1.-3. M als doppelte Abnahme mit aufliegender Mittelm (siehe Seite 64) str. Den Faden abschneiden und damit die restlichen 4/12 M zuziehen.

Ohren Für ein Ohr 13 M in Ethno color mit 2 Nd des Spiels anschl und nach Strickschrift arb. Sie zeigt nur die Hinr. Diese von rechts nach links ablesen. In den Rückr alle M links str. Nach der 27. R den Faden abschneiden und damit die letzten 5 M zuziehen. Das Ohr exakt zur Hälfte legen. Die seitliche Naht im Matratzenstich (siehe Seite 67) schließen. Das 2. Ohr genauso arb. Die Fadenenden vernähen. Die Ohren anfeuchten, spannen und gut trocknen lassen.

Augen Für die 1. Augenfläche 7 M in Weiß mit 2 Nd des Spiels anschl und nach Strickschrift arb. Sie zeigt nur die Hinr. Diese von rechts nach links ablesen. In den Rückr alle M links str. Nach der 25. R den Faden abschneiden und damit die letzten 3 M zuziehen. Die 2. weiße Fläche genauso arb.
Mit Häkelnd 4,5-5,0 mm 3 einzelne Kreise in Schwarz häkeln. Dafür je 2 Lm anschl. In die Anfangsschlinge zurück 6 fM arb (siehe Seite 69). Die Rd jeweils mit 1 Kettm schließen.
Mit Häkelnd 4,5-5,0 mm 2 einzelne Kreise in Ethno color häkeln. Dafür je 2 Lm anschl. In 1. Rd in die Anfangsschlinge zurück 6 fM arb. Die Rd mit 1 Kettm schließen. In 2. Rd in jede M 2 fM häkeln = 12 fM. Die Rd ebenfalls mit 1 Kettm schließen.
2 schwarze Kreise als Pupillen auf die Kreise aus Ethno-Color nähen.
Für das 3. Auge 6 M in Ethno color anschl und 10 Rd Kordel str (siehe Seite 71). Die M danach auf 3 Nd verteilen. Weiter in Rd rechts str, dabei für den Augapfel in der 11. Rd nach jeder M und in der 13. Rd nach der 1. und 3. M jeder Nd 1 M rechts verschränkt aus dem Querfaden (siehe Seite 64) zunehmen. Ab der 15. Rd in Weiß weiterarb. In der 16. Rd nach der 1. und 4. M jeder Nd 1 M rechts verschränkt aus dem Querfaden zunehmen (= 24 M). In der 20. Rd mit den Abnahmen beginnen. Auf jeder Nd in der 20. Rd die 1. + 2. und 5. + 6. M, in der 22. Rd die 1. + 2. und 4. + 5. M und in der 24. Rd die 1. + 2. und 3. + 4. M rechts zusstr = 6 M. Den

Faden abschneiden und damit die restlichen 6 M zuziehen. Die weiße Fläche nach innen stülpen und dort mit ein paar Stichen fixieren. Den 3. schwarzen Kreis als Pupille in diese Einstülpung nähen. Den Augenstiel mit etwas Füllwatte ausstopfen.

Fertigstellen Den Mund in Schwarz im Stielstich knapp oberhalb des Kinns aufsticken. Die Nasenlöcher darüber mit 2 kleinen Spannstichen andeuten. Oberhalb des Kinns zunächst die weißen Augenflächen ringsum im Steppstich (siehe Seite 71) aufnähen. Die Augen im unteren Drittel der Augenflächen anbringen. Die Fadenenden vernähen. Die Mütze anfeuchten, spannen und gut trocknen lassen. Das 3. Auge mittig über diesen Augen annähen. Die Ohren vom unteren Rand aus entlang der Ohrmitte bis zur Hälfte mit Steppstichen seitlich auf die Mütze nähen (siehe Modellbild).

Mützen mit Ohrenklappen

27

GRUNDANLEITUNG
MÜTZEN MIT OHRENKLAPPEN

Grundanleitung Mützen mit Ohrenklappen

Größen Die Angaben für einen Kopfumfang von 53-56 cm stehen vor, die für einen Kopfumfang von 57-60 cm nach dem Schrägstrich. Steht nur eine Angabe, gilt diese für beide Größen. Die Mützen sind elastisch und passen auch, wenn die Größe etwas über oder unter den angegebenen Maßen liegt. Für einen Kopfumfang über 61 cm je nach Garnart und Maschenprobe 4 oder 8 M mehr anschl, vor der 1. Abnahme 4-5 R (ca. 2 cm) mehr str und ggf. 1 Abnahme-R mehr arb. Für einen Kopfumfang von 49-52 cm je nach Garnart und Maschenprobe 4 oder 8 M weniger anschl, vor der 1. Abnahme 4-5 R (ca. 2 cm) weniger str und ggf. 1 Abnahme-R weniger arb.

Anschlag Die bei den einzelnen Modellen jeweils angegebene Anzahl an M anschl. Die Mützen werden in Hin- und Rückr mit einer zusätzlichen Rdm an jeder Seite gearbeitet. Diese sind in der angegebenen M-Zahl enthalten.

Bündchenmuster Die jeweils zu strickende Anzahl an R ist bei den einzelnen Modellen angegeben. Die Rdm in den Hinr stets rechts, in den Rückr stets links str. So entsteht ein Nahtrand (siehe Seite 66). Für ein Bündchen mit Längsrippen zwischen den Rdm in der 1. R fortlaufend im Wechsel 1 M rechts, 1 M links str. In den folgenden R die M str, wie sie erscheinen. Für ein Muster mit Querrippen zwischen den Rdm in der 1. R (= Rückr) rechts und in jeder folgenden R rechts str. Ist die 1. R eine Hinr, so werden die M in der 1. und jeder folgenden R links gestr.

Mittelteil Fortlaufend alle M einschließlich der Rdm in Hinr rechts, in Rückr links str, bis die angegebene Anzahl an R erreicht ist.

Abnahmen Mit den Abnahmen für die Mütze beginnen. Zunächst die M-Markierer (siehe Seite 65) an den angegebenen Positionen platzieren. Hierfür jeweils nach der angegebenen und vor der darauffolgenden M einen M-Markierer auf die Nd schieben. Alternativ können hierfür auch kleine, selbst geknotete Schlaufen aus einem Kontrastgarn verwendet werden. Im jeweils angegebenen Abstand dazu einfache Abnahmen (siehe Seite 64) str. Mit einer einfachen Abnahme mit Linksneigung (= 2 M rechts überzogen zusstr: 1 M wie zum Rechtsstr abheben, nächste M rechts str und abgehobene M überziehen) am R-Anfang nach der 2. M beginnen. Fortlaufend in dem jeweils angegebenen Abstand vor dem M-Markierer eine einfache Abnahme mit Rechtsneigung (= 2 M rechts zusstr) und dahinter eine einfache Abnahme mit Linksneigung arb. Am R-Ende mit einer einfachen Abnahme mit Rechtsneigung vor der vorletzten M enden. Alle übrigen M sowie die M in den R zwischen den Abnahmen weiter rechts str.

Abschluss Nach der letzten R den Faden nach ca. 20 cm abschneiden und mit 1 Wollnd durch die verbliebenen M ziehen. Die M zuziehen. Die rückwärtige Naht im Matratzenstich (siehe Seite 67) schließen.

Ohrenklappen An jeder Seite in Ohrhöhe die entsprechende Anzahl an M aus dem Anschlagrand auffassen (siehe Seite 67). Auf diese Weise entsteht ein nahtloser Übergang. Fasst man jedoch die M auf der Rückseite des Anschlagrands aus den dort querliegenden Fäden auf, so bleibt der Anschlagrand sichtbar und die Ohrenklappe liegt optisch dahinter. Die Klappe entsprechend den Angaben zu den jeweiligen Modellen str. In Hin- und Rückr rechts gestrickte M sorgen auf der gesamten Fläche oder als Rand dafür, dass sich die Ohrenklappen an den Rändern nicht rollen. Nach Erreichen der jeweils angegebenen Länge mit den Abnahmen beginnen. Am R-Anfang stets 2 M rechts überzogen zusstr und am R-Ende stets 2 M rechts zusstr (siehe Seite 64). Die restlichen M als Strickkordel weiterführen oder zuziehen. Als Abschluss können auch geflochtene Zöpfe oder Pompons verwendet werden.

Tipp Eine Auflistung der verwendeten Abkürzungen ist auf der hinteren Umschlagklappe zu finden.

Warum der Panda so aussieht wie er aussieht? Abschreckung, Tarnung, Temperaturregulation – man weiß es nicht genau. Bambus ist seine

PANDA-BÄR

Ailuropoda melanoleuca

Leib- und Magenspeise, aber gegen gelegentliche, nicht vegetarische Snacks hat er auch nichts einzuwenden.

Anleitung (Strickschrift Seite 74)

Mütze Einen 4,5 m langen, weißen und einen 3,0 m langen, schwarzen Faden abschneiden und zur Seite legen. 91/95 M in Weiß anschl und 5 R im Bündchenmuster str. Glatt rechts weiterarb, dabei in der 8. R mit der Intarsientechnik (siehe Seite 66) beginnen. Nach der 31./33. M und 60./62. M je einen M-Markierer (siehe Seite 65) auf die Nd schieben. Die M vor dem 1. M-Markierer in Weiß, die M zwischen den beiden M-Markierern entsprechend der Strickschrift und die M nach dem 2. M-Markierer in Weiß str. Die Farbflächen mit den Fäden der jeweiligen Knäuel arb bzw. für die mittlere weiße und die 2. schwarze Fläche die zuvor abgeschnittenen Fäden verwenden. Nach der 19. R ab Anschl nur noch in Weiß weiterarb. In der 26./30. R mit den Abnahmen beginnen und dafür nach der 23./24. M, 45./47. M, 46./48. M und der 68./71. M je einen M-Markierer auf die Nd schieben.
In der 26./30. R die 3. + 4. M am R-Anfang und die 2. + 3. M nach dem 1., 3. und 4. M-Markierer rechts überzogen zusstr (siehe Seite 64). Die dritt- und zweitletzte M vor dem 1., 2. und 4. M-Markierer sowie die dritt- und viertletzte M vor dem R-Ende rechts zusstr. Die Abnahmen noch 2x in jeder 4. R und 6x in jeder 2. R wdh. In der 48./52. R die 2. + 3. M am R-Anfang und die 1. + 2. M nach dem 1., 3. und 4. M-Markierer überzogen zusstr. 2 M vor dem 1., 2. und 4. M-Markierer sowie die zweit- und drittletzte M vor dem R-Ende rechts zusstr. Den Faden abschneiden und damit die restlichen 11/15 M zuziehen.

Ohrenklappen Die schon gestrickte Mütze „auf den Kopf" stellen. Für die 1. Ohrenklappe über der 10./11. M ab rechtem Rand beginnen und von der Vorderseite her aus den auf der Rückseite des Anschlagrands querliegenden Fäden 18 M in Weiß auffassen. Kraus rechts str, dabei mit 1 Rückr rechts beginnen. In der 6. R beidseitig 1 M abnehmen, dafür die 2. + 3. M am R-Anfang rechts überzogen zusstr, am R-Ende die zweit- und drittletzte M rechts zusstr. Diese Abnahmen in jeder 4. R noch 6x wdh = 4 M. Den Faden abschneiden und damit die restlichen 4 M zuziehen. Die 2. Ohrenklappe auf der Gegenseite genauso anstr. 2 Pompons mit einem Durchmesser von 4,5 cm in Schwarz anfertigen (siehe Seite 75) und unten an die Ohrenklappen nähen.

Schnauze 38 M in Weiß anschl und 9 R glatt rechts str.
10. R (= Hinr): 1 M rechts, 18x 2 M rechts zusstr, 1 M rechts (= 20 M).
12. R. (= Rückr): Alle M links str.
13. R: 1 M rechts, 9x 2 M rechts zusstr, 1 M rechts (= 11 M). Den Faden abschneiden und damit die restlichen M zuziehen. Die Seitenränder im Matratzenstich verbinden und die Fadenenden vernähen. Einen separaten Faden durch den Anschlagrand fädeln und die Öffnung damit bis auf ca. 1,5 cm zuziehen. Die Fadenenden verknoten. Die Schnauze mit etwas Füllwatte ausstopfen.

Mützen mit Ohrenklappen

Schwierigkeitsgrad 2

Grösse
Kopfumfang 53-56/ 57-60 cm

Material
Schachenmayr/SMC Extra Merino Big (LL 80 m/50 g) in Wollweiß (Fb 102), 100 g und in Schwarz (Fb 199), 50 g • 2 Wackelaugen zum Annähen, ø 16 mm • Füllwatte in Weiß, Rest • Stricknadeln 5,0 mm

Maschenprobe
Glatt rechts mit Nd 5,0 mm 16 M und 22 R = 10 cm x 10 cm

Bündchenmuster
Im Wechsel 1 M links, 1 M rechts str.

Kraus rechts
In Hin- und Rückr alle M rechts str.

Glatt rechts
In Hinr alle M rechts, in Rückr alle M links str.

Randmaschen
In Hinr rechts, in Rückr links str.

Intarsientechnik
Nach Strickschrift arb, dabei mit der 8. R (= Hinr) beginnen. Dargestellt sind Hin- und Rückr. In den Hinr die Strickschrift von rechts nach links, in den Rückr von links nach rechts ablesen. Die M jeweils in den entsprechenden Farben wie gezeichnet str, dabei jeweils 1 extra Knäuel verwenden. Beim Farbwechsel die Fäden auf der Rückseite der Arbeit miteinander verkreuzen, damit keine Löcher entstehen.

Verkürzte Reihen mit abnehmender M-Zahl
1. R (= Hinr): Rechts str, am R-Ende 1 M ungestrickt lassen, wenden.
2. R (= Rückr): 1 U, links str, am R-Ende 1 M ungestrickt lassen, wenden.
3. R: 1 U, rechts str, am R-Ende 2 M ungestrickt lassen, wenden.
4. R: 1 U, links str, am R-Ende 2 M ungestrickt lassen, wenden.
Die 3. und 4. R noch 2x wdh, dabei stets am R-Ende 1 M mehr ungestrickt lassen.

Verkürzte Reihen mit zunehmender M-Zahl
1. R (= Hinr): Rechts str, am R-Ende 4 M ungestrickt lassen, wenden.
2. R (= Rückr): 1 U, links str, am R-Ende 4 M ungestrickt lassen, wenden.
3. R: 1 U, rechts str, am R-Ende 3 M ungestrickt lassen, wenden.
4. R: 1 U, links str, am R-Ende 3 M ungestrickt lassen, wenden.
Die 3. und 4. R noch 2x wdh, dabei stets am R-Ende 1 M weniger ungestrickt lassen.

Ohren Für ein Ohr 14 M in Schwarz anschl und 2 R glatt rechts str. 8 verkürzte R (siehe Seite 66) mit abnehmender M-Zahl arb. Mit 1 U wenden und über alle M eine Hin- und Rückr str, dabei die U jeweils mit der folgenden M zusstr. 8 verkürzte R mit zunehmender M-Zahl arb und die U an den Wendestellen jeweils mit der folgenden M zusstr. Danach alle M abk. Die Seitenränder sowie Anschlag- und Abkettrand im Matratzenstich verbinden (siehe Seite 67). Das 2. Ohr genauso arb.

Fertigstellen Zunächst die rückwärtige Naht der Mütze im Matratzenstich (siehe Seite 67) schließen.
Die Schnauze über dem Bündchen und mittig zwischen den beiden schwarzen Flächen auf die Mütze heften, dann ringsum im Matratzenstich annähen. In schwarzem Plattstich (siehe Seite 71) eine dreieckige Nase aufsticken. Darunter mit 2 senkrechten Spannstichen und je 2 Stielstichen zu jeder Seite die Schnauze andeuten. Die Augen rechts und links neben der Schnauze auf die schwarzen Flächen nähen. Die Ohren mit den kürzeren Seiten nach hinten, oberhalb der schwarzen Gesichtsfelder annähen (siehe Modellbild). Die Fadenenden vernähen. Die Mütze anfeuchten, spannen und gut trocknen lassen.

Mützen mit Ohrenklappen

Schwierigkeitsgrad 3

Grösse
Kopfumfang 53-56/ 57-60 cm

Material
Schachenmayr/SMC Soft Tweed (LL 115 m/50 g) in Terra (Fb 25), 100 g und in Schwarz (Fb 99), 50 g • Schachenmayr/SMC Molly (LL 45 m/50 g) in Wollweiß (Fb 2), 50 g • Stricknadeln 4,0 mm • Häkelnadel 5,0 mm

Maschenprobe
Glatt rechts mit Nd 4,0 mm 16 M und 25 R = 10 cm x 10 cm

Kraus rechts
In Hin- und Rückr alle M rechts str.

Glatt rechts
In Hinr alle M rechts, in Rückr alle M links str.

Randmaschen
In Hinr rechts, in Rückr links str.

Intarsientechnik
Nach Strickschrift str und mit der 1. R (= Rückr) beginnen. Dargestellt sind Hin- und Rückr. In den Hinr die Strickschrift von rechts nach links, in den Rückr von links nach rechts ablesen. Die M jeweils in den entsprechenden Farben str. Für jede Farbfläche 1 extra Knäuel verwenden. Beim Farbwechsel die Fäden auf der Rückseite der Arbeit miteinander verkreuzen, damit keine Löcher entstehen.

Verkürzte Reihen mit abnehmender M-Zahl
1. R (= Hinr): Rechts str, am R-Ende 1 M ungestrickt lassen, wenden.
2. R (= Rückr): 1 U, links str, am R-Ende 1 M ungestrickt lassen, wenden.
3. R: 1 U, rechts str, am R-Ende 2 M ungestrickt lassen, wenden.
4. R: 1 U, links str, am R-Ende 2 M ungestrickt lassen, wenden.
5. R: 1 U, rechts str, am R-Ende 3 M ungestrickt lassen, wenden.
6. R: 1 U, links str, am R-Ende 3 M ungestrickt lassen.

Verkürzte Reihen mit zunehmender M-Zahl
1. R (= Hinr): Rechts str, am R-Ende 6 M ungestrickt lassen, wenden.
2. R (= Rückr): 1 U, links str, am R-Ende 6 M ungestrickt lassen, wenden.
3. R: 1 U, rechts str, am R-Ende 5 M ungestrickt lassen, wenden.
4. R: 1 U, links str, am R-Ende 5 M ungestrickt lassen, wenden.
Die 3. und 4. R noch 4x wdh, dabei am R-Ende immer 1 M weniger ungestrickt lassen.

Seine Schönheit und Stärke machen ihn zu einem der weltweit beliebtesten Wildtiere und sorgen für hohe

TIGER

Panthera tigris

Sympathiewerte. Tiger schwimmen gern, machen dafür aber beim Klettern keine gute Figur.

Anleitung (Strickschrift Seite 73)

Mütze 42/44 M in Terra, 6 M in Weiß und 42/44 M in Terra anschl. 4 R kraus rechts str, dabei gleichzeitig mit der Intarsientechnik (siehe Seite 66) beginnen. In der 1. R (= Rückr) nach der 39./41. M und 51./53. M je einen M-Markierer (siehe Seite 65) auf die Nd schieben. Die M vor dem 1. M-Markierer in Terra, die M zwischen den beiden M-Markierern entsprechend der Strickschrift und die M nach dem 2. M-Markierer in Terra str. Nach der 4. R ab Anschl glatt rechts und ab der 16. R nur noch in Terra weiterarb. In der 26./30. R mit den Abnahmen beginnen. Dafür nach der 23./24. M, 45./47. M und der 67./70. M je einen M-Markierer auf die Nd schieben. In der 26./30. R die 3. + 4. M am R-Anfang und die 2. + 3. M nach jedem M-Markierer überzogen zusstr (siehe Seite 64). Die zweit- und drittletzte M vor jedem M-Markierer sowie die dritt- und viertletzte M vor dem R-Ende rechts zusstr. Diese Abnahmen noch 1x in der 6. R, 3x in jeder 4. R und 4x in jeder 2. R wdh. In der 53./57. R die 2. + 3. M am R-Anfang und je 2 M nach jedem M-Markierer rechts überzogen zusstr, 2 M vor jedem M-Markierer sowie die zweit- und drittletzte M vor dem R-Ende rechts zusstr. Den Faden abschneiden und damit die restlichen 11/15 M zuziehen.

Ohrenklappen Die schon gestrickte Mütze „auf den Kopf" stellen. Für die 1. Ohrenklappe über der 8./10. M ab rechtem Rand beginnen und von der Vorderseite her aus den auf der Rückseite des Anschlagrands querliegenden Fäden 20 M in Terra auffassen. Mit 1 Rückr wie folgt beginnen: 3 M kraus rechts, 14 M glatt rechts und 3 M kraus rechts str. In der 16. R mit den Abnahmen beginnen, dabei am R-Anfang die 3. + 4. M rechts überzogen zusstr, am R-Ende die dritt- und viertletzte M rechts zusstr. Diese Abnahmen in jeder 2. R noch 6x wdh = 6 M. In der 30. R die 2. + 3. M rechts überzogen zusstr, die 4. + 5. M rechts zusstr. Die restlichen 4 M abk. Die 2. Ohrenklappe über der Gegenseite genauso anstr.

Für die Zopfbänder pro Ohrenklappe 1 weißen Faden, 2 schwarze und 4 terrafarbene Fäden, je 1,4 m lang zuschneiden, doppelt legen und zusammen als Franse einknoten (siehe Seite 75). Aus den Fäden Zöpfe flechten und die Enden verknoten.

Ohren Für ein Ohr 10 M in Weiß anschl und 2 R glatt rechts str. 6 verkürzte R (siehe Seite 66) mit abnehmender M-Zahl arb. Den weißen Faden abschneiden. In Schwarz glatt rechts weiterstr, dabei in der 1. R aus jeder M 1 M rechts und links herausstr (= 20 M) und die U jeweils mit der folgenden M zusstr, damit keine Löcher entstehen. Nach der 4. schwarzen R 12 verkürzte R mit zunehmender M-Zahl arb, dabei die U an den Wendestellen jeweils mit der folgenden M zusstr. Alle M abk. Die Seitenränder im Matratzenstich verbinden (siehe Seite 67) und den Anschlag- und Abkettrand zusnähen.

Augen In Schwarz eine Anfangsschlinge bilden und mit der Häkelnd 2 Lm häkeln. 6 fM in die Anfangsschlinge häkeln und diesen Kreis mit 1 Kettm schließen (siehe Seite 69).

Fertigstellen Zunächst die rückwärtige Naht der Mütze im Matratzenstich (siehe Seite 67) schließen. Auf die Mütze und die Ohrenklappen in schwarzem Maschenstich (siehe Seite 71) nach Belieben Linien sticken, dabei das Gesicht aussparen (siehe Modellbild). Im Plattstich (siehe Seite 71) eine dreieckige Nase mittig auf die weiße Fläche sticken. Darunter mit 2 senkrechten Spannstichen und je 2 Stielstichen zu jeder Seite die Schnauze andeuten. Oberhalb der Schnauze die Augen und darüber im Bogen die Ohren annähen. Die Fadenenden vernähen. Die Mütze anfeuchten, spannen und gut trocknen lassen.

Gegen Eis, Schnee und eisigen Wind sind Kaiserpinguine dank ihres speziell imprägnierten Gefieders bestens gewappnet. Kalte Füße? Für

KAISER-PINGUIN

Aptenodytes forsteri

einen Kaiserpinguin kein Thema. Die Füße sind auf der Unterseite nur wenig durchblutet und geben so auch kaum Wärme ab.

Anleitung (Strickschrift Seite 76)

Mütze Einen 4,0 m langen, weißen und einen 2,5 m langen, schwarzen Faden abschneiden und zur Seite legen. 29/31 M in Schwarz, 33 M in Weiß und 29/31 M in Schwarz mit Nd 5,0 mm anschl. 4 R kraus rechts str, dabei gleichzeitig mit der Intarsientechnik (siehe Seite 66) beginnen. In der 1. R (= Rückr) bei jedem Farbwechsel einen M-Markierer (siehe Seite 65) auf die Nd schieben. Die M vor dem 1. M-Markierer in Schwarz, die M zwischen den beiden M-Markierern entsprechend der Strickschrift und die M nach dem 2. M-Markierer in Schwarz str. Nach der 4. R ab Anschl glatt rechts weiterarb. In der 11. R ab Anschl für die neue schwarze Fläche in der Mützenmitte und die daran anschließende weiße Fläche die zuvor abgeschnittenen Fäden verwenden. In der 26./30. R mit den Abnahmen beginnen. Dafür nach der 23./24. M, 45./47. M, 46./48. M und der 68./71. M je einen M-Markierer auf die Nd schieben.

In der 26./30. R die 3.+4. M am R-Anfang und die 2.+3. M nach dem 1., 3. und 4. M-Markierer rechts überzogen zusstr (siehe Seite 64). Die dritt- und zweitletzte M vor dem 1., 2. und 4. M-Markierer sowie die dritt- und viertletzte M vor dem R-Ende rechts zusstr. Die Abnahmen noch 2x in jeder 4. R und 6x in jeder 2. R wdh. In der 48./50. R die 2.+3. M am R-Anfang und die 1.+2. M nach dem 1., 3. und 4. M-Markierer überzogen zusstr. 2 M vor dem 1., 2. und 4. M-Markierer sowie die zweit- und drittletzte M vor dem R-Ende rechts zusstr. Den Faden abschneiden und damit die restlichen 11/15 M zuziehen. Die rückwärtige Naht im Matratzenstich (siehe Seite 67) schließen.

Ohrenklappen Die schon gestrickte Mütze „auf den Kopf" stellen. Für die 1. Ohrenklappe 20 M links neben der weißen Fläche von der Vorderseite her 20 M in Schwarz mit Nd 5,0 mm auffassen. 23 R kraus rechts str. In der 24. R mit den Abnahmen beginnen, dabei am R-Anfang die 2.+3. M rechts überzogen zusstr, am R-Ende die zweit- und drittletzte M rechts zusstr. Diese Abnahmen in jeder 2. R noch 7x wdh = 4 M. Diese mit 2 Spielnd 4,5 mm als Kordel weiterstr (siehe Seite 71). Bei 35 cm Kordellänge den Faden abschneiden und damit die 4 M zuziehen. Die 2. Ohrenklappe über der Gegenseite genauso anstr.

Mützen mit Ohrenklappen

Schwierigkeitsgrad 2

Grösse
Kopfumfang 53-56/57-60 cm

Material
Schachenmayr/SMC Extra Merino Big (LL 80 m/50 g) in Wollweiß (Fb 102), 50 g, in Schwarz (Fb 199), 100 g und in Orange, (Fb 134), Rest • Füllwatte in Weiß, Rest • Stricknadeln 5,0 mm • Nadelspiel 4,5 mm • Häkelnadel 4,5-5,0 mm

Maschenprobe
Glatt rechts mit Nd 5,0 mm
16 M und 22 R = 10 cm x 10 cm

Kraus rechts
Hin- und Rückr alle M rechts str.

Glatt rechts
In Hinr alle M rechts, in Rückr alle M links str.

Randmaschen
In Hinr rechts, in Rückr links str.

Intarsientechnik
Nach Strickschrift arb und mit der 1. R (= Rückr) beginnen. Dargestellt sind Hin- und Rückr. In den Hinr die Strickschrift von rechts nach links, in den Rückr von links nach rechts ablesen. Die M jeweils in den entsprechenden Farben str. Für jede Farbfläche 1 extra Knäuel verwenden. Beim Farbwechsel die Fäden auf der Rückseite der Arbeit miteinander verkreuzen, damit keine Löcher entstehen.

Kordel stricken
Mit 2 Nd des Spiels arb. 4 M anschl und rechts abstr. * Die M wieder zurück an das andere Nd-Ende schieben. Die M wieder von der Vorderseite rechts abstr, dabei den Faden bei der 1. M fest anziehen. Den Vorgang ab * stets wdh. So entsteht eine runde Kordel.

Schnabel 22 M in Orange mit Nd. 5,0 mm anschl.
1. R (= Hinr): Alle M rechts str.
2., 4. + 6. R (= Rückr): Alle M links str.
3. R: 2 M rechts, *1 doppelte Abnahme mit aufliegender Mittelm str = 2 M wie zum Rechtsstr abheben, nächste M rechts str und abgehobene M überziehen, 2 M rechts*, von * bis * noch 3x wdh (= 14 M).
5. R: 1 M rechts, 4 doppelte Abnahmen mit aufliegender Mittelm str, 1 M rechts (= 6 M).
Den Faden abschneiden und damit die 6 M zuziehen. Die Seitenränder im Matratzenstich verbinden. Den Schnabel mit etwas Füllwatte ausstopfen.

Augen In Schwarz eine Anfangsschlinge bilden und mit der Häkelnd 2 Lm häkeln. 6 fM in die Anfangsschlinge häkeln und diesen Kreis mit 1 Kettm schließen (siehe Seite 69).

Fertigstellen Den Schnabel mittig und in Höhe des Beginns der mittleren schwarzen Fläche im Steppstich auf die Mütze nähen. Die Augen mit etwas Abstand rechts und links daneben annähen. Die Fadenenden vernähen. Die Mütze anfeuchten, spannen und gut trocknen lassen.

Mützen mit Ohrenklappen

Schwierigkeitsgrad 2

Größe
Kopfumfang 53-56/57-60 cm

Material
Schachenmayr/SMC Silenzio (LL 60 m/50 g) in Kiesel meliert (Fb 90), 100 g • Schachenmayr/SMC Sheila Soft Mini (LL 70 m/50 g) in Natur (Fb 102), Rest • Schachenmayr/SMC Extra Merino Big (LL 80 m/50 g) in Schwarz (Fb 199), Rest • Stricknadeln 6,0 mm • Häkelnadel 4,5-5,0 mm

Maschenprobe
Glatt rechts mit Nd 6,0 mm
13 M und 18 R = 10 cm x 10 cm

Kraus rechts
In Hin- und Rückr alle M rechts str.

Glatt rechts
In Hinr alle M rechts, in Rückr alle M links str.

Randmaschen
In Hinr rechts, in Rückr links str.

Verkürzte Reihen mit abnehmender M-Zahl
1. R (= Hinr): Rechts str, am R-Ende 1 M ungestrickt lassen, wenden.
2. R (= Rückr): 1 U, links str, am R-Ende 1 M ungestrickt lassen, wenden.
3. R: 1 U, rechts str, am R-Ende 2 M ungestrickt lassen, wenden.
4. R: 1 U, links str, am R-Ende 2 M ungestrickt lassen, wenden.
5. R: 1 U, rechts str, am R-Ende 3 M ungestrickt lassen, wenden.
6. R: 1 U, links str, am R-Ende 3 M ungestrickt lassen.

Verkürzte Reihen mit zunehmender M-Zahl
1. R (= Hinr): Rechts str, am R-Ende 6 M ungestrickt lassen, wenden.
2. R (= Rückr): 1 U, links str, am R-Ende 6 M ungestrickt lassen, wenden.
3. R: 1 U, rechts str, am R-Ende 5 M ungestrickt lassen, wenden.
4. R: 1 U, links str, am R-Ende 5 M ungestrickt lassen, wenden.
Die 3. und 4. R noch 2x wdh, dabei am R-Ende immer 1 M weniger ungestrickt lassen.

Eukalyptus ist nicht gleich Eukalyptus – als Feinschmecker kennt sich der Koala da bestens aus. Schließlich frisst er fast nichts anderes. Koalas sind zudem echte Lang-

KOALA *Phascolarctos cinereus*

schläfer. 20 Stunden Schlaf pro Tag? Kein Problem! Durch ein wollig-weiches Fell gut geschützt und weich gepolstert machen sie es sich in den Astgabeln der Eukalyptusbäume bequem.

Anleitung

Mütze 66/70 M mit Nd 6,0 mm in Kiesel meliert anschl. 5 R kraus rechts str. Glatt rechts weiterarb. In der 22./26. R ab Anschl mit den Abnahmen beginnen. Dafür nach der 17./18. M, 33./35. M und der 49./52. M je einen M-Markierer auf die Nd schieben. In der 22./26. R die 3. + 4. M am R-Anfang und die 2. + 3. M nach jedem M-Markierer überzogen zusstr (siehe Seite 64). Die zweit- und drittletzte M vor jedem M-Markierer sowie die dritt- und viertletzte M vor dem R-Ende rechts zusstr. Diese Abnahmen noch 2x in jeder 4. R und 3x in jeder 2. R wdh. In der 38./42. R die 2. + 3. M am R-Anfang und je 2 M nach jedem M-Markierer rechts überzogen zusstr, 2 M vor jedem M-Markierer sowie die zweit- und drittletzte M vor dem R-Ende rechts zusstr. Den Faden abschneiden und damit die restlichen 10/14 M zuziehen.

Ohrenklappen Die schon gestrickte Mütze „auf den Kopf" stellen. Für die 1. Ohrenklappe über der 8./10. M ab rechtem Rand beginnen und von der Vorderseite her aus den auf der Rückseite des Anschlagrands querliegenden Fäden 12 M mit Nd 6,0 mm in Kiesel meliert auffassen. Mit 1 Rückr wie folgt beginnen: 2 M kraus rechts, 8 M glatt rechts und 2 M kraus rechts str und bis zur 29. R in dieser Einteilung arb. In der 30. R mit den Abnahmen beginnen, dabei am R-Anfang die 3. + 4. M rechts überzogen zusstr, am R-Ende die dritt- und viertletzte M rechts zusstr. Diese Abnahmen in jeder 2. R noch 2x wdh = 6 M. In der 36. R die 3. + 4. M rechts überzogen zusstr = 5 M. In der 38. R die 1. + 2. M rechts überzogen zusstr, die 4. + 5. M rechts zusstr. Den Faden abschneiden und damit die restlichen 3 M zuziehen. Die 2. Ohrenklappe über der Gegenseite genauso anstr, jedoch mit Öffnung für den Pompon. Dafür die Arbeit in der 30. R teilen, um später den Pompon durchschieben zu können und beide Seiten getrennt beenden. Die Abnahme in der 36. R entfällt somit. Nach der 38. R beide Seiten wieder zuführen und die restlichen 4 M mit einem Fadenende zuziehen. 2 dreifarbige Pompons mit einem Durchmesser von 4,5 cm anfertigen (siehe Seite 75) und unten an die Ohrenklappen nähen.

Ohren 10 M in Natur mit Nd 6,0 mm anschl und 6 verkürzte R (siehe Seite 66) mit abnehmender M-Zahl arb. Über alle M 2 R glatt rechts str, dabei die U jeweils mit der folgenden M zusstr. Den naturfarbenen Faden abschneiden und in Kiesel meliert fortfahren. Zunächst über alle M 2 R glatt rechts str, dabei nach der 1. M und vor der letzten M je 1 M rechts verschränkt aus dem Querfaden zunehmen (= 12 M) (siehe Seite 64). 8 verkürzte R mit zunehmender M-Zahl arb, dabei die U an den Wendestellen jeweils mit der folgenden M zusstr. Noch 2 R glatt rechts über alle M str. Die M abk. Die Seitenränder im Matratzenstich verbinden (siehe Seite 67). Anschlag- und Abkettrand aufeinandernähen. Die Ohren anfeuchten, spannen und gut trocknen lassen.

Augen Jeweils 2 Kreise in Schwarz und Natur häkeln. Dafür je 1 Anfangsschlinge bilden und mit der Häkelnd 2 Lm häkeln. 6 fM in die Anfangsschlinge häkeln und diesen Kreis mit 1 Kettm schließen (siehe Seite 69).

Nase 5 M in Schwarz mit Nd 6,0 mm anschl und glatt rechts str. In der 3. R nach der 1. M und vor der letzten M je 1 M rechts verschränkt aus dem Querfaden zunehmen. In der 11. R die 1. + 2. M rechts überzogen zusstr, die 6. + 7. M rechts zusstr. Die M abk.

Fertigstellen Zunächst die rückwärtige Naht der Mütze im Matratzenstich (siehe Seite 67) schließen. Die Nase in der Mützenmitte oberhalb des Bündchens im Matratzenstich annähen. Zuerst die weißen Kreise als Augen oberhalb der Nase auf die Mütze nähen, dann die schwarzen Kreise als Pupille mittig daraufnähen. Die Fadenenden vernähen. Die Mütze anfeuchten, spannen und gut trocknen lassen. Die Ohren seitlich über den Augen ringsum im Matratzenstich befestigen (siehe Modellbild).

Körper- und Fellpflege wird bei Schimpansen großgeschrieben. Gern trifft man sich zum ausgiebigen, gegenseitigen „grooming". Schimpansen sind gesellig

SCHIMPANSE
Pan troglodytes

und leben meist in großen, gemischten Gruppen. Aber wie beim Menschen gibt es auch hier Einzelgänger, einzelne Paare und getrenntgeschlechtliche Gruppen.

Anleitung (Strickschrift Seite 72)

Mütze Sheila Soft Mini zweifädig verarb. Hierfür jeweils das äußere und innere Fadenende des Knäuels zus verwenden. 17/19 M in Toffee, 17 M in Natur und 17/19 M in Toffee anschl. 4 R kraus rechts str, dabei gleichzeitig mit der Intarsientechnik (siehe Seite 66) beginnen. In der 1. R (= Rückr) bei jedem Farbwechsel einen M-Markierer (siehe Seite 65) auf die Nd schieben. Die M vor dem 1. M-Markierer in Toffee, die M zwischen den beiden M-Markierern entsprechend der Strickschrift und die M nach dem 2. M-Markierer in Toffee str. Nach der 4. R ab Anschl glatt rechts weiterarb. Bereits nach der 23. R ab Anschl nur noch in Toffee str.

In der 22./26. R ab Anschl mit den Abnahmen beginnen. Dafür nach der 13./14. M, 25./27. M, 26./28. M und der 38./41. M je einen M-Markierer auf die Nd schieben. In der 22./26. R, 26./30. R, 28./32. R und 30./34. R jeweils die 3. + 4. M am R-Anfang und die 2. + 3. M nach dem 1., 3. und 4. M-Markierer rechts überzogen zusstr (siehe Seite 64). Die zweit- und drittletzte M vor dem 1., 2. und 4. M-Markierer sowie die dritt- und viertletzte M vor dem R-Ende rechts zusstr. In der 32./36. R die 2. + 3. M am R-Anfang und die 1. + 2. M nach dem 1., 3. und 4. M-Markierer überzogen zusstr. 2 M vor dem 1., 2. und 4. M-Markierer sowie die zweit- und drittletzte M vor dem R-Ende rechts zusstr. Den Faden abschneiden und damit die restlichen 11/15 M zuziehen. Die rückwärtige Naht im Matratzenstich (siehe Seite 67) schließen.

Ohrenklappen Die schon gestrickte Mütze „auf den Kopf" stellen. Für die 1. Ohrenklappe über dem Anschlagrand aus 12 braunen M nach der Fläche in Natur 12 M in Braun auffassen und kraus rechts str. In der 14. R beidseitig 1 M abnehmen, dafür die 2. + 3. M am R-Anfang rechts überzogen zusstr, am R-Ende die zweit- und drittletzte M rechts zusstr. Diese Abnahmen in jeder 2. R noch 3x wdh. Den Faden abschneiden und damit die restlichen 4 M zuziehen. Die 2. Ohrenklappe vor der Fläche in Natur genauso anstr. 8 je 1,4 m lange Fäden in Toffee und 2 je 1,4 m lange Fäden in Natur zuschneiden, doppelt legen und je Ohrenklappe 2x je 2 Fäden Toffee und 1x einen Faden Natur als Franse einknoten (siehe Seite 70). Aus den Fäden Zöpfe flechten und die Enden verknoten (siehe Modellbild).

Ohren 5 M in Natur anschl.
1. R (= Hinr): 5 M rechts str.
2. R. (= Rückr): 1 M links abheben, 4 M links str.
3. R: 1 M rechts abheben, *1 M rechts verschränkt zunehmen (siehe Seite 64), 1 M rechts*, von * bis * noch 3x wdh (= 9 M).
4. R: 1 M links abheben, 8 M links str.

Mützen mit Ohrenklappen

Schwierigkeitsgrad 2

Grösse
Kopfumfang 53-56/57-60 cm

Material
Schachenmayr/SMC Sheila Soft Mini (LL 70 m/50 g) in Toffee (Fb 111), 100 g • Schachenmayr/SMC Silenzio (LL 60 m/50 g) in Natur meliert (Fb 02), 50 g • Schachenmayr/SMC Extra Merino Big (LL 80 m/50 g) in Schwarz (Fb 199), Rest • 2 Glasaugen in Braun, ø 16 mm • Stricknadeln 7,0 mm

Maschenprobe
Glatt rechts mit Nd 7,0 mm und Sheila Soft Mini zweifädig
8 M und 14 R = 10 cm x 10 cm

Kraus rechts
In R alle M rechts str.

Glatt rechts
In Hinr alle M rechts, in Rückr alle M links str.

Randmaschen
In Hinr rechts, in Rückr links str.

Intarsientechnik
Nach Strickschrift str, mit der 1. R (= Rückr) beginnen. Dargestellt sind Hin- und Rückr. In den Hinr die Strickschrift von rechts nach links, in den Rückr von links nach rechts ablesen. Die freien Flächen zwischen den M sind ohne Bedeutung. Die M jeweils in den entsprechenden Farben wie angegeben str. Dafür jeweils 1 extra Knäuel verwenden. Beim Farbwechsel die Fäden auf der Rückseite der Arbeit miteinander verkreuzen, damit keine Löcher entstehen.

5. R: 1 M rechts abheben, *1 M rechts verschränkt zunehmen, 3 M rechts, 1 M rechts verschränkt zunehmen, 1 M rechts*, von
* bis * noch 1x wdh (= 13 M).
6. R: 1 M links abheben, 12 M links str.
Alle M abk. Das 2. Ohr genauso arb.

Fertigstellen Den Mund in schwarzem Stielstich (siehe Seite 71) aufsticken. Die Nasenlöcher mit 2 kleinen schwarzen Spannstichen andeuten. Darüber die 2 Glasaugen annähen. Die Ohren in Augenhöhe seitlich an die Mütze nähen. Die Fadenenden vernähen. Die Mütze anfeuchten, spannen und gut trocknen lassen.

Mützen mit Ohrenklappen

Schwierigkeitsgrad 3

Größe
Kopfumfang 53-56/57-60 cm

Material
Schachenmayr/SMC Soft Tweed (LL 115 m/50 g) in Anthrazit (Fb 98), 100 g und in Sand (Fb 05), 50 g • Schachenmayr/SMC Extra Merino Big (LL 80 m/50 g) in Wollweiß (Fb 102) und in Schwarz (Fb 199), Reste • Schachenmayr/SMC Juvel (LL 106 m/50 g) in Tomate (Fb 722), Rest • Füllwatte, Rest • Stricknadeln 4,0 mm • Nadelspiel 3,5,0 mm • 2 Sicherheitsnadeln

Maschenprobe
Glatt rechts mit Nd 4,0 mm
16 M und 25 R = 10 cm x 10 cm

Bündchenmuster
Im Wechsel 1 M links und 1 M rechts str.

Kraus rechts
In Hin- und Rückr alle M rechts str. In Rd alle M rechts str.

Glatt rechts
In Hinr alle M rechts, in Rückr alle M links str.

Randmaschen
In Hinr rechts, in Rückr links str.

Intarsientechnik
Nach Strickschrift arb und mit der 1. R (= Hinr) beginnen. Dargestellt sind Hin- und Rückr. In den Hinr die Strickschrift von rechts nach links, in den Rückr von links nach rechts ablesen. Die M jeweils in den entsprechenden Farben str. Für jede Farbfläche 1 extra Knäuel verwenden. Beim Farbwechsel die Fäden auf der Rückseite der Arbeit miteinander verkreuzen, damit keine Löcher entstehen.

Kordel stricken
Mit 2 Nd des Spiels arb. 4 M anschl und rechts abstr. * Die M wieder zurück an das andere Nd-Ende schieben. Die M wieder von der Vorderseite rechts abstr, dabei den Faden bei der 1. M fest anziehen. Den Vorgang ab * stets wdh. So entsteht eine runde Kordel.

Bei den Rentieren ist die weibliche
Emanzipation schon lange Realität.
Hier trägt jeder ein Geweih.

RENTIER
Rangifer tarandus

Anleitung (Strickschrift Seite 74)
Mütze 90/94 M in Anthrazit mit Nd 4,0 mm anschl. 4 R im Bündchenmuster, dann glatt rechts str. In der 26./30. R ab Anschl mit den Abnahmen beginnen. Dafür nach der 23./24. M, 45./47. M und der 67./70. M je einen M-Markierer auf die Nd schieben. In der 26./30. R die 3. + 4. M am R-Anfang und die 2. + 3. M nach jedem M-Markierer überzogen zusstr (siehe Seite 64). Die zweit- und drittletzte M vor jedem M-Markierer sowie die dritt- und viertletzte M vor dem R-Ende rechts zusstr. Diese Abnahmen noch 1x in der 6. R, 3x in jeder 4. R und 4x in jeder 2. R wdh. In der 53./57. R die 2. + 3. M am R-Anfang und je 2 M nach jedem M-Markierer rechts überzogen zusstr, 2 M vor jedem M-Markierer sowie die zweit- und drittletzte M vor dem R-Ende rechts zusstr. Den Faden abschneiden und damit die restlichen 10/14 M zuziehen.

Ohrenklappen Die schon gestrickte Mütze „auf den Kopf" stellen. Für die 1. Ohrenklappe über der 10./12. M ab rechtem Rand beginnen und von der Vorderseite her aus den auf der Rückseite des Anschlagrands querliegenden Fäden 18 M in Anthrazit auffassen. Kraus rechts str. In der 6. R mit den Abnahmen beginnen, dabei am R-Anfang die 2. + 3. M rechts überzogen zusstr, am R-Ende die zweit- und drittletzte M rechts zusstr. Diese Abnahmen in jeder 4. R noch 6x wdh = 4 M. Diese mit 2 Spielnd 3,5,0 mm als Kordel weiterstr (siehe Seite 71). Bei 35 cm Kordellänge den Faden abschneiden und damit die 4 M zuziehen. Die 2. Ohrenklappe über der Gegenseite genauso anstr.

Schnauze 20 M in Sand mit Nd 4,0 mm anschl und 18 R glatt rechts str. Die M abk. Einen Faden ringsum durch den Rand ziehen und festziehen, bis sich die Schnauze wölbt. Die Fadenenden miteinander verknoten.

Ohren Für ein Ohr einen 1,75 m langen Faden in Anthrazit abschneiden und damit 2 M anschl. Dazu noch 3 M in Sand und 7 M in Anthrazit jeweils mit den Fäden der Knäuel anschl. In der Intarsientechnik (siehe Seite 66) nach Strickschrift arb. Nach der 17. R den Faden abschneiden und damit die letzten 4 M zuziehen. Ohr exakt zur Hälfte legen. Die seitliche Naht im Matratzenstich (siehe Seite 67) schließen. Das 2. Ohr gegengleich arb. Die Fadenenden vernähen. Die Ohren anfeuchten, spannen und gut trocknen lassen.

Geweih Mit dem Ndspiel 9 M in Sand anschl, auf 3 Nd verteilen und zur Rd schließen. Den Rd-Anfang markieren und 4 Rd glatt rechts str.
5. Rd: 1 M rechts verschränkt aus dem Querfaden zunehmen (siehe Seite 64), 9 M rechts (= 10 M).
6., 8., 10. + 12. Rd: Alle M rechts str.
7. Rd: 1 M rechts verschränkt aus dem Querfaden zunehmen, 1 M rechts, 1 M rechts verschränkt aus dem Querfaden zunehmen, 9 M rechts (= 12 M).
9. Rd: 1 M rechts verschränkt aus dem Querfaden zunehmen, 3 M rechts, 1 M rechts verschränkt aus dem Querfaden zunehmen, 9 M rechts (= 14 M).

11. Rd: 1 M rechts verschränkt aus dem Querfaden zunehmen, 5 M rechts, 1 M rechts verschränkt aus dem Querfaden zunehmen, 9 M rechts (= 16 M).
13. Rd: 7 M auf 1 Sicherheitsnd stilllegen, 1 M neu dazu anschl und auf die 3. Nd nehmen, 9 M rechts (= 10 M).
14. Rd: 8 M rechts, die 9. + 10. M rechts zusstr. (= 9 M).
15. Rd: Alle M rechts str.
16.-26. Rd: Die 5.-15. Rd 1x wdh.
27. Rd: 1 M rechts verschränkt aus dem Querfaden zunehmen, 4 M rechts, die 5. + 6. M rechts zusstr, 3 M rechts (= 9 M).
28., 30., 32., 34., 35. + 36. Rd: Alle M rechts str und auf den Nd neu verteilen.
29. Rd: 1 M rechts verschränkt aus dem Querfaden zunehmen, 1 M rechts, 1 M rechts verschränkt aus dem Querfaden zunehmen, 4 M rechts, 3 M rechts überzogen zusstr = 1 M wie zum Rechtsstr abheben, nächste 2 M rechts zusstr, abgehobene M überziehen, 3 M rechts (= 9 M).
31. Rd: 1 M rechts verschränkt aus dem Querfaden zunehmen, 3 M rechts, 1 M rechts verschränkt aus dem Querfaden zunehmen, 3 M rechts, 3 M rechts überzogen zusstr, 2 M rechts (= 9 M).
33. Rd: 1 M rechts verschränkt aus dem Querfaden zunehmen, 5 M rechts, 1 M rechts verschränkt aus dem Querfaden zunehmen, 2 M rechts, 3 M rechts überzogen zusstr, 1 M rechts (= 9 M).
Den Faden abschneiden und damit die 9 M zuziehen. Die M der 1. Sicherheitsnd und aus dem gegenüberliegenden Rand 2 M aufnehmen (= 9 M), auf 3 Nd verteilen und 4 Rd rechts str. Den Faden abschneiden und damit die M zuziehen. Dies mit den M der 2. Sicherheitsnd wdh. Die Fäden vernähen. Das Geweih mit Füllwatte ausstopfen. Das 2. Geweih genauso arb.

Nasenlöcher und Augen In Schwarz 4 einzelne Kreise häkeln. Dafür je 1 Anfangsschlinge bilden und mit der Häkelnd 2 Lm häkeln. 6 fM in die Anfangsschlinge häkeln und diesen Kreis mit 1 Kettm schließen (siehe Seite 69). 2 größere Kreise in Wollweiß häkeln, dabei wie bei den Augen beginnen. In 2. Rd in jede fM 2 fM häkeln (= 12 fM).

Rote Nase (wahlweise) Mit dem Ndspiel 3,5,0 mm 12 M in Tomate anschl, auf 3 Nd verteilen und zur Rd schließen. 6 Rd glatt rechts str. Die M abk. Anschl- und Abkettrand jeweils mit 1 separaten Faden zuziehen. Die Nase mit etwas Füllwatte ausstopfen. Den Faden des oberen Rands zur Unterseite fädeln und festziehen, um die Nase etwas abzuflachen.

Fertigstellen Zunächst die rückwärtige Naht der Mütze im Matratzenstich (siehe Seite 67) schließen.
2 schwarze Kreise als Nasenlöcher auf die Schnauze nähen. Die Schnauze mit etwas Füllwatte polstern, über dem Bündchen auf die Mütze heften und ringsum im Matratzenstich annähen. Die Nase nach Belieben oben auf die Schnauze nähen.
Die weißen Kreise als Augen oberhalb der Nase auf die Mütze nähen und dann die schwarzen Kreise als Pupille mittig daraufnähen. Die Fadenenden vernähen. Die Mütze anfeuchten, spannen und gut trocknen lassen. Das Geweih etwas unterhalb der Mützenmitte und die Ohren seitlich daneben im Matratzenstich annähen.

Schalmützen

GRUNDANLEITUNG
SCHALMÜTZEN

Größen Die Schalmütze besitzt eine Einheitsgröße. Diese kann jedoch durch die Länge der rückwärtigen Naht der jeweiligen Kopfgröße angepasst werden. Ebenso lassen sich Schallänge, Loopdurchmesser und Loopbreite variieren.

Mütze mit Schal
Anschlag Die bei den einzelnen Modellen jeweils angegebene Anzahl an M anschl.

Schalmützenteil Die Mütze mit Schal an einem Schalende beginnen und in einem Stück über den Kopf hinweg bis zum anderen Schalende arb. Zur Mütze hin den Schal durch die Zunahme einiger M verbreitern. Diese M im 2. Schalabschnitt entsprechend wieder abnehmen. Für die rückwärtige Naht der Mütze im Mützenteil einen Seitenrand als Nahtrand (siehe Seite 66) str.

Abschluss Die Schalhälften mit den linken Seiten aufeinander legen und in der Mitte entlang des Nahtrandes im Matratzenstich (siehe Seite 67) zusnähen. Durch diese Naht entsteht die Mütze. Die Länge der Naht während des Zusnähens überprüfen und so die Mütze der jeweiligen Kopfgröße anpassen.

Mütze mit Loop
Anschlag Mit dem Mützenteil und einem offenen Anschl beginnen. Für den offenen Anschl gibt es 2 Möglichkeiten (siehe Seite 67). Die M mithilfe einer gehäkelten Lm-Kette aufnehmen oder alternativ zuvor einige R mit einem möglichst glatten Garn in einer Kontrastfarbe str und dann zum Strickgarn wechseln.

Mützenteil Zunächst die Mütze mit den jeweils bei den einzelnen Modellen angegebenen Zu- und Abnahmen in einem Stück arb. Die M im Anschluss nicht abk, sondern auf der Nd belassen. Den provisorischen Anschl vorsichtig auflösen und die M dabei mit der Nd zum Weiterstr auffangen.

Loop Noch 1 R rechts über die letzte Mützen-R str. Die jeweils bei den Modellen angegebene Anzahl an M für den Loop neu aufstr (siehe Seite 65). Der Durchmesser des Loops kann durch mehr oder weniger aufgestrickte M vergrößert oder verkleinert werden. Weiter glatt rechts über die offen angeschl M str und so die Rd schließen. Den Loop entsprechend den Angaben zu dem jeweiligen Modell mit Bündchenmuster oder ohne in Rd arb. Durch die Höhe des Loops kann auch die Mützengröße variiert werden. Dies lässt sich gut während des Rundstr überprüfen. Die M nach Erreichen der gewünschten Höhe abk.

Abschluss Die rückwärtige Mützennaht im Matratzenstich (siehe Seite 67) schließen.

Tipp Eine Auflistung der verwendeten Abkürzungen ist auf der hinteren Umschlagklappe zu finden.

Bei Eisbären ist Ton in Ton angesagt – allein schon wegen der besseren Tarnung. Als Meister der Wärmedämmung setzen sie auf hohle Fellhaare

EISBÄR
Ursus maritimus

und eine dicke Fettschicht. Unter dem weißen Fell verbirgt sich zudem eine schwarze Haut, die das Licht besser absorbiert als helle Haut.

Anleitung

Mütze mit Loop Sheila Soft Mini zweifädig verarb. In Kontrastfarbe 19 M mit Nd 8,0 mm offen anschl (siehe Seite 67). In der 1. R (= Hinr) die 1. M als Rdm für den Nahtrand und die letzten beiden M als Rdm für den vorderen Mützenrand str. Dazwischen 16 M glatt rechts str. In der 21. und 31. R am vorderen Rand vor den Rdm je 1 M rechts verschränkt aus dem Querfaden zunehmen (siehe Seite 64). In der 35., 37. und 39. R die 1. + 2. M nach der Rdm für den Nahtrand rechts überzogen zusstr. In der 41., 43. und 45. R nach der Rdm für den Nahtrand 1 M rechts verschränkt aus dem Querfaden zunehmen. In der 49. und 59. R am vorderen Rand vor den Rdm 2 M rechts zusstr. Nach der 80. R mit dem Anstr des Loops beginnen. Die Rdm für den Nahtrand und die 1. M rechts überzogen zusstr, über alle übrigen M glatt rechts str und am R-Ende 68 M neu aufstr (siehe Seite 65). Den provisorischen Anschl lösen, die M mit der Nd aufnehmen und glatt rechts abstr, dabei die Rdm für den Nahtrand und die 1. M davor rechts zusstr. 15 Rd glatt rechts str. Die M abk.

Ohren Für ein Ohr 8 M zweifädig in Natur mit Nd 8,0 mm anschl und 2 R glatt rechts str. 6 verkürzte R (siehe Seite 66) mit abnehmender M-Zahl arb. Mit 1 U wenden und über alle M je 1 Hin- und Rückr str. Dabei die U jeweils mit der folgenden M zusstr. 6 verkürzte R mit zunehmender M-Zahl arb, dabei die U an den Wendestellen jeweils mit der folgenden M zusstr. Noch 2 R glatt rechts str. Die M abk. Die Seiten- und unteren Ränder jeweils im Matratzenstich verbinden (siehe Seite 67). Das 2. Ohr genauso arb.

Schnauze 22 M zweifädig in Natur mit Nd 8,0 mm anschl und 4 R glatt rechts str.
5. R (= Hinr): 1 M rechts, 10x je 2 M rechts zusstr, 1 M rechts (= 12 M).
6. R. (= Rückr): Alle M links str.
7. R: 1 M rechts, 5x je 2 M rechts zusstr, 1 M rechts (= 7 M). Den Faden abschneiden und damit die restlichen M zuziehen. Die Seiten- und unteren Ränder jeweils im Matratzenstich verbinden. Die Fadenenden vernähen. Die Schnauze mit etwas Füllwatte ausstopfen.

Augen In Schwarz eine Anfangsschlinge bilden und mit der Häkeld 2 Lm häkeln. 6 fM in die Anfangsschlinge häkeln und diesen Kreis mit 1 Kettm schließen (siehe Seite 69).

Fertigstellen Zunächst die rückwärtige Naht der Mütze entlang der Nahtränder im Matratzenstich (siehe Seite 67) schließen. Die Schnauze über die Rdm des vorderen Rands mittig auf die Mütze heften und ringsum im Matratzenstich annähen. In schwarzem Plattstich (siehe Seite 71) eine dreieckige Nase aufsticken. Darunter mit 2 senkrechten Spannstichen und je 2 Stielstichen zu jeder Seite die Schnauze andeuten. Die Augen aufnähen. Die Ohren oberhalb der Augen im Bogen im Matratzenstich annähen. Die Fadenenden vernähen. Die Mütze anfeuchten, spannen und gut trocknen lassen.

Schalmützen

Schwierigkeitsgrad 2

Grösse Einheitsgröße

Material
Mütze mit Loop Schachenmayr/SMC Sheila Soft Mini (LL 70 m/50 g) in Natur (Fb 102), 250 g • Schachenmayr/SMC Extra Merino Big (LL 80 m/50 g) in Schwarz (Fb 199), Rest • glattes Garn in Kontrastfarbe, Rest • Füllwatte in Weiß, Rest • Rundstricknadel 8,0 mm, 80-100 cm lang • Häkelnadel 4,5-5,0 mm und 7,0-8,0 mm
Fäustlinge Schachenmayr/SMC Sheila Soft Mini (LL 70 m/50 g) in Natur (Fb 102), 100 g • Schachenmayr/SMC Extra Merino Big (LL 80 m/50 g) in Schwarz (Fb 199), 50 g • Nadelspiel 8,0 mm • Stricknadeln 4,5-5,0 mm • Sicherheitsnadel

Maschenprobe Glatt rechts mit Nd 8,0 mm und Sheila Soft zweifädig 8 M und 14 R = 10 cm x 10 cm

Bündchenmuster Im Wechsel 1 M links, 1 M rechts str.

Glatt rechts In Hinr alle M rechts, in Rückr alle M links str.

Randmaschen
Vorderer Rand In Hinr die beiden letzten M rechts str. In Rückr die 1. M rechts abheben, die 2. M rechts str.
Nahtrand In Hinr 1 M rechts, in Rückr 1 M links str.

Verkürzte Reihen mit abnehmender M-Zahl
1. R (= Hinr): Rechts str, am R-Ende 1 M ungestrickt lassen, wenden.
2. R (= Rückr): 1 U, links str, am R-Ende 1 M ungestrickt lassen, wenden.
3. R: 1 U, rechts str, am R-Ende 2 M ungestrickt lassen, wenden.
4. R: 1 U, links str, am R-Ende 2 M ungestrickt lassen, wenden.
Die 3. und 4. R noch 1x wdh, dabei am R-Ende immer 1 M mehr ungestrickt lassen.

Verkürzte Reihen mit zunehmender M-Zahl
1. R (= Hinr): Rechts str, am R-Ende 4 M ungestrickt lassen, wenden.
2. R (= Rückr): 1 U, links str, am R-Ende 4 M ungestrickt lassen, wenden.
3. R: 1 U, rechts str, am R-Ende 3 M ungestrickt lassen, wenden.
4. R: 1 U, links str, am R-Ende 3 M ungestrickt lassen, wenden.
Die 3. und 4. R noch 1x wdh, dabei am R-Ende immer 1 M weniger ungestrickt lassen.

Fäustlinge 16 M zweifädig in Natur mit dem Ndspiel anschl, gleichmäßig auf 4 Nd verteilen und zur Rd schließen. 10 Rd im Bündchenmuster str. Glatt rechts weiterarb. In der 12. Rd für den Daumen nach der 1. M der 1. Nd 1 M rechts verschränkt aus dem Querfaden (siehe Seite 64) zunehmen. In der 14. und 16. Rd jeweils vor der 1. und nach der letzten zugenommenen M je 1 M rechts verschränkt aus dem Querfaden zunehmen. In der 18. Rd die 5 M für den Daumen auf 1 Sicherheitsnd stilllegen und für den Steg 1 M neu dazu anschl (= 17 M). In Rd weiterarb. In der 20. Rd die zugenommene M mit der folgenden M rechts überzogen (siehe Seite 64) zusstr (= 16 M). In Höhe der Ringfingerspitze mit den Abnahmen beginnen. Die ersten 2 M der 1. und 3. Nd rechts überzogen und die letzten 2 M der 2. und 4. Nd rechts zusstr (= 12 M). 1 Rd rechts str und die Abnahmen wdh (= 8 M). Den Faden abschneiden und damit die restlichen 8 M zuziehen. Für den Daumen die M der Sicherheitsnd aufnehmen und aus dem Steg 1 M auffassen (= 6 M), auf 3 Nd verteilen und 8 Rd rechts str. In der 9. Rd 3x je 2 M rechts zusstr. Den Faden abschneiden und damit die restlichen 3 M zuziehen.
Den 2. Fäustling gegengleich arb. Hier für den Daumen vor der 4. M der 4. Nd 1 M rechts verschränkt aus dem Querfaden zunehmen und in der 20. Rd die zugenommene M mit der vorherigen M rechts zusstr.

Tatzen Für die mittlere Fläche mit den dünneren Stricknd 11 M in Schwarz anschl und 2 R glatt rechts str.
3. R (= Hinr): 1 M rechts, 2 M rechts überzogen zusstr, 5 M rechts, 2 M rechts zusstr und 1 M rechts str (= 9 M).
4., 6., 8. und 10. R (= Rückr): Alle M links str.
5. R: Alle M rechts str.
7. R: 1 M rechts, 2 M rechts überzogen zusstr, 3 M rechts, 2 M rechts zusstr und 1 M rechts str (= 7 M).
9. R: 1 M rechts, 2 M rechts überzogen zusstr, 1 M rechts, 2 M rechts zusstr und 1 M rechts str (= 5 M).
Den Faden abschneiden und damit die letzten 5 M zuziehen. Eine 2. Fläche genauso arb. Noch 10 einzelne, leicht ovale, schwarze Flächen aus je 5 fM in 1 Rd häkeln (siehe Seite 69).

Fertigstellen Auf den Handinnenseiten der Fäustlinge je 1 größere Fläche mit der Spitze in Richtung zu den Fingern und 5 kleine Ovale darüber anordnen (siehe Modellbild). Diese ringsum im Steppstich (siehe Seite 71) annähen. Die Fadenenden vernähen. Die Fäustlinge anfeuchten, spannen und gut trocknen lassen.

Schalmützen

Schwierigkeitsgrad 3

Grösse
Einheitsgröße

Material
Schachenmayr/SMC Molly (LL 45 m/50 g) in Schwarz (Fb 99), 200 g, in Wollweiß (Fb 02), 50 g und in Maisgelb (Fb 22), 50 g • Schachenmayr/SMC Extra Merino Big (LL 80 m/50 g) in Schwarz (Fb 199), Rest • glattes Garn in Kontrastfarbe, Rest • Rundstricknadel 5,0 mm, 80-100 cm lang • Häkelnadel 4,5-5,0 mm

Maschenprobe
Glatt rechts mit Nd 5,0 mm
9 M und 18 R = 10 cm x 10 cm

Glatt rechts
In Hinr alle M rechts, in Rückr alle M links str.

Bündchenmuster
Im Wechsel 1 Rd linke M, 1 Rd rechte M str.

Randmaschen
Vorderer Rand In Hinr die letzten 3 M rechts str. In Rückr die 1. M rechts abheben und die 2. + 3. M rechts str.
Nahtrand In Hinr 1 M rechts, in Rückr 1 M links str.

Intarsientechnik
Nach den Strickschriften arb. Für die zusätzlichen Farbfelder weitere Knäuel oder den Faden von der Außenseite des Knäuels verwenden. Dargestellt sind Hin- und Rückr. In den Hinr die Strickschrift von rechts nach links, in den Rückr von links nach rechts ablesen. Die M jeweils in der Farbe des Hintergrunds der Zeichen str. Beim Farbwechsel die Fäden auf der Rückseite der Arbeit miteinander verkreuzen, damit keine Löcher entstehen.

Hunde leben als sehr soziale Tiere in einem Rudel. Rudelmitglieder sind dabei aus Sicht des Hundes auch die Menschen, mit denen er zusammlebt.

HAUS-HUND

Canis lupus familiaris

Chef im Rudel ist immer das stärkste, durchsetzungsfreudigste und vielleicht auch schlaueste Rudelmitglied, das sagt, wo es lang geht.

Anleitung (Strickschrift Seite 75)

Mütze mit Loop In Kontrastfarbe 22 M offen anschl (siehe Seite 67) und in Schwarz weiterstr. Ab der 1. R (= Hinr) die 1. M als Rdm für den Nahtrand und die letzten 3 M als Rdm für den vorderen Mützenrand str. Dazwischen 18 M glatt rechts str. In der 27.-80. R nach der größeren Strickschrift in Intarsientechnik (siehe Seite 66) arb. Dabei in der 50. und 55. R den weißen Faden jeweils über 8 M hinweg mitführen, damit er in der 51. und 56. R an der benötigten Stelle zur Verfügung steht. Den weißen Faden dabei alle 2-3 M zum Einweben 1x um den schwarzen Strickfaden schlingen. Für die gelben Augenflecken jeweils den Faden von der Außenseite des Knäuels nutzen und dann abschneiden. Nach Ende der Strickschrift wieder in Schwarz glatt rechts gerade weiterstr.

Nach der 104. R mit dem Anstr des Loops beginnen. In 105. R die Rdm des Nahtrands und die 1. M danach rechts überzogen zusstr, über alle übrigen M glatt rechts str (= 21 M), am R-Ende 78 M neu aufstr (siehe Seite 65). Den provisorischen Anschl vorsichtig lösen, die 22 M mit auf die Nd nehmen und glatt rechts abstr, dabei die Rdm des Nahtrands und die 1. M davor rechts zusstr (= 120 M). Die Arbeit zur Rd schließen. 3 Rd im Bündchenmuster, 16 Rd glatt rechts und 3 Rd Bündchenmuster str. Die M abk.

Ohren Für ein Ohr 6 M in Schwarz und 5 M in Maisgelb anschl. In Intarsientechnik nach der kleineren Strickschrift arb. Die 1.-8. R 1x str, dann die 7. + 8. R noch 14x wdh. Danach mit der 37. R fortfahren. Nach der 40. R die M abk. Die Ohrhälften mit der linken Seite nach innen zusklappen. Ringsum die offenen Seiten im Matratzenstich (siehe Seite 67) so schließen, dass die etwas größere, schwarze Ohraußenseite die kleinere, gelbe Innenseite am Rand überragt. Die Ohrseiten im Anschluss ringsum mit Steppstichen aufeinandernähen. Das 2. Ohr genauso arb. Die Fadenenden vernähen. Die Ohren anfeuchten, spannen und gut trocknen lassen.

Augen Aus dem wollweißen und dem dünneren schwarzen Garn je 2 Kreise mit je 6 fM in 1 Rd häkeln (siehe Seite 69). Dafür jeweils mit 1 Anfangsschlinge und 2 Lm beginnen.

Nase Aus dem dickeren schwarzen Garn 1 Anfangsschlinge bilden und mit der Häkelnd 2 Lm häkeln. 6 fM in die Anfangsschlinge häkeln und diesen Kreis mit 1 Kettm schließen (siehe Seite 69).

Fertigstellen Zunächst die rückwärtige Naht der Mütze entlang der Nahtränder im Matratzenstich schließen. Die Nase mittig auf die weiße Fläche oberhalb des Mützenrands nähen. Die weißen Kreise als Augen unterhalb der kleinen, gelben Augenflecken auf die Mütze nähen. Die schwarzen Kreise als Pupille mittig darauf fixieren. Die Fadenenden vernähen. Die Mütze anfeuchten, spannen und gut trocknen lassen. Die Ohren anschließend an die Kopfseiten nähen.

Tipp Damit sich bei diesem speziellen Garn der Faden nicht unnötig aufribbelt, den äußeren Faden leicht aufribbeln und dann den äußeren und inneren Faden miteinander verknoten.

Weiße Streifen auf schwarzem Grund oder schwarze Streifen auf weißem Grund? Des Rätsels Lösung zeigt sich am Bauch

GREVY-ZEBRA
Equus grevyi

der Zebras. Die Grundfarbe der Grevyzebras ist weiß. Das schwarze Streifenmuster ist zudem bei jedem Tier ein wenig anders.

Anleitung (Strickschrift Seite 77)
Mütze mit Schal Für den 1. Huf 26 M in Schwarz mit Nd 5,0 mm anschl. 9 R glatt rechts str (1. R = Rückr), dabei in der 4. R die 5. + 6., 7. + 8., 15. + 16. und 17. + 18. M, in der 8. R die 4. + 5., 6. + 7., 12. + 13. und 14. + 15. M rechts (siehe Seite 64) zusstr (= 18 M). Im Streifenmuster glatt rechts weiterarb. Nach ca. 80 cm Streifenmuster den Schal verbreitern. Hierfür in der nächsten Hinr in Schwarz am rechten Rand nach der 2. M 1 M rechts verschränkt aus dem Querfaden zunehmen (siehe Seite 64), dies noch 3x in jeder 4. R wdh (= 22 M). In der folgenden R in Weiß mit dem Mützenteil beginnen, dabei ab 1. R (= Hinr) in den Hinr die 1. Rdm am rechten Rand als Nahtrand arb. Ab der 27. R nach Strickschrift arb und ab der 41. R in Intarsientechnik (siehe Seite 66) str. In der 29., 37. und 45. R am R-Ende vor der Rdm je 1 M rechts verschränkt aus dem Querfaden zunehmen, in der 43., 47., 49. und 51. R am R-Anfang nach der Rdm je 2 M rechts überzogen zusstr (= 21 M).
Mütze und Schal gegengleich weiterstr. Hierfür in der 55., 57., 59. und 63. R am R-Anfang nach der Rdm je 1 M rechts verschränkt aus dem Querfaden zunehmen. In der 61., 69. und 77. R am R-Ende vor den Rdm je 2 M rechts zusstr (= 22 M). Ab der 105. R den Nahtrand beenden und die Rdm wieder abheben. Die Schalbreite reduzieren. Hierfür schon in der 105. R und noch 3x in jeder 4. R. die 2. + 3. M am R-Anfang 2 M rechts überzogen zusstr. Nach weiteren 80 cm Streifenmuster mit Wollweiß enden. Für den 2. Huf 10 R in Schwarz arb, dabei in der 3. R nach der 4., 6., 23. und 14. M und in der 7. R nach der 5., 7., 15. und 17. M je 1 M rechts verschränkt aus dem Querfaden zunehmen (= 26 M). Die M abk.

Ohren Für ein Ohr einen 1,5 m langen, schwarzen Faden abschneiden und damit 2 M mit Nd 5,0 mm anschl. Dazu noch 5 M in Weiß und 9 M in Schwarz anschl. In Intarsientechnik (siehe Seite 66) nach der kleinen Strickschrift arb. Nach der 15. R den Faden abschneiden und damit die letzten 4 M zuziehen. Die seitliche Naht im Matratzenstich (siehe Seite 67) schließen. Das 2. Ohr gegengleich str. Die Fadenenden vernähen. Die Ohren anfeuchten, spannen und gut trocknen lassen.

Augen In Schwarz eine Anfangsschlinge bilden und mit der Häkelnd 2 Lm häkeln. 6 fM in die Anfangsschlinge häkeln und diesen Kreis mit 1 Kettm schließen (siehe Seite 69).

Schwierigkeitsgrad 3

Größe
Einheitsgröße

Material
Schachenmayr/SMC Molly (LL 45 m/50 g) in Wollweiß (Fb 02), 150 g und in Schwarz (Fb 99), 200 g • Schachenmayr/SMC Boston (LL 55 m/50 g) in Schwarz (Fb 99), 50 g • Stricknadeln 5,0 mm • Häkelnadel 4,5–5,0 mm

Maschenprobe
Glatt rechts mit Nd 5,0 mm
9 M und 18 R = 10 cm x 10 cm

Glatt rechts
In Hinr alle M rechts, in Rückr alle M links str.

Streifenmuster
2 R in Weiß, 2 R in Schwarz im Wechsel str.

Randmaschen
Vorderer Rand und Schalränder In Hinr die 1. M rechts abheben, die letzte M rechts str, in Rückr die 1. M links abheben, die letze M links str.
Nahtrand In Hinr 1 M rechts, in Rückr 1 M links str.

Intarsientechnik
Nach den Strickschriften arb. Bei der großen Strickschrift ab der 41. R, bei der kleinen Strickschrift ab 1. R in Intarsientechnik str. Für die zusätzlichen Farbfelder weitere Knäuel oder den Faden von der Außenseite des Knäuels verwenden. Dargestellt sind Hin- und Rückr. In den Hinr die Strickschrift von rechts nach links, in den Rückr von links nach rechts ablesen. Die M jeweils in der Farbe des Hintergrunds der Zeichen str. Beim Farbwechsel die Fäden auf der Rückseite der Arbeit miteinander verkreuzen, damit keine Löcher entstehen.

Fertigstellen Zunächst die rückwärtige Naht der Mütze entlang der Nahtränder im Matratzenstich (siehe Seite 67) schließen. Die Schallängsseiten mit der rechten Seite nach außen nebeneinanderlegen und ca. 34 cm vom Hufende entfernt mit dem Zusnähen beginnen. Bis zum Ende des Hufes die Ränder im Matratzenstich verbinden. Die Naht mittig platzieren und die unteren Ränder im Steppstich zusnähen. Das 2. Bein in gleicher Weise fertigstellen. Die Augen aufnähen. Die Fadenenden vernähen. Die Schalmütze anfeuchten, spannen und gut trocknen lassen.

Die Ohren etwas unterhalb der Mützenmitte ringsum im Matratzenstich annähen. 72 ca. 25 cm lange, schwarze Fäden aus Boston zuschneiden. Für die Mähne je 2 Fäden pro Franse (siehe Seite 70) entlang der rückwärtigen Naht und oben auf der Mütze bis in Ohrenhöhe einknüpfen. Die Mähne vorne etwas kürzen.

Tipp Damit sich bei diesem speziellen Garn der Faden nicht unnötig aufribbelt, den äußeren Faden leicht aufribbeln und dann den äußeren und inneren Faden miteinander verknoten.

Schalmützen

Schwierigkeitsgrad 1

Grösse
Einheitsgröße

Material
Schachenmayr/SMC Sheila Soft Mini (LL 70 m/50 g) in Taupe (Fb 112) und in Graphit (Fb 192), je 200 g • Schachenmayr/SMC Extra Merino Big (LL 80 m/50 g) in Schwarz (Fb 199), Rest
• Stricknadeln 4,5-5,0 mm und 8,0 mm
• Häkelnadel 4,5-5,0 mm

Maschenprobe
Glatt rechts mit Nd 8,0 mm und Sheila Soft Mini zweifädig
8 M und 14 R = 10 cm x 10 cm

Kraus rechts
In Hin- und Rückr alle M rechts str.

Glatt rechts
In Hinr alle M rechts, in Rückr alle M links str.

Glatt links
In Hinr alle M links, in Rückr alle M rechts str.

Randmaschen
Vorderer Rand und Schalränder In Hin- und Rückr die 1. M rechts abheben, die 2. M und die 2 letzten M rechts str.
Nahtrand In Hinr 1 M rechts, in Rückr 1 M links str.

Intarsientechnik
Nach der Strickschrift arb und mit der 1. R (= Hinr) beginnen. Dargestellt sind Hin- und Rückr. In den Hinr die Strickschrift von rechts nach links, in den Rückr von links nach rechts ablesen. Die freien Flächen zwischen den M sind ohne Bedeutung. Die M jeweils in der Farbe des Hintergrunds der Zeichen str. Beim Farbwechsel die Fäden auf der Rückseite der Arbeit miteinander verkreuzen, damit keine Löcher entstehen.

In der Mythologie und Literatur erhält der Wolf zumeist ein negatives Image. Er gilt als böse, gefährlich und heimtückisch. Dies entspricht jedoch keines-

**Canis lupus**

wegs seiner wahren Natur. In manchen Kulturen hingegen wird er aufgrund seiner Stärke und Überlegenheit regelrecht verehrt.

Anleitung (Strickschrift Seite 73)

Mütze mit Schal Mit je einem Faden in Taupe und Graphit zweifädig arb. 14 M mit Nd 8,0 mm anschl und mit der Tasche beginnen. 3 R kraus rechts str und ab der 4. R (= Rückr) glatt links weiterstr. Die ersten und letzten 2 M als Rdm und dazwischen 10 M glatt links str. In der 20., 22. und 24. R jeweils die 3. + 4. M am R-Anfang rechts überzogen zusstr (siehe Seite 64) und die dritt- und viertletzte M vor dem R-Ende rechts zusstr (= 8 M). Am Taschenende in der 26. R für den Umbruchrand die 3.-6. M links str. Es folgt der Schalteil. Hierfür ab der 27. R weiter glatt rechts arb und gleichzeitig in der 27. R, dann in der 29. und 31. R am R-Anfang nach der 2. M und am R-Ende vor der vorletzten M je 1 M rechts verschränkt aus dem Querfaden (siehe Seite 64) zunehmen (= 14 M). Gerade weiterstr. In der 157. R mit den Zunahmen für die Mütze beginnen und in dieser und noch 4x in jeder 4. R am R-Anfang nach der 2. M je 1 M rechts verschränkt aus dem Querfaden zunehmen (= 19 M). Ab der 173. R die 1. Rdm am rechten Rand (Hinr) als Nahtrand arb und die 2. M glatt rechts str. In der 193. und 203. R am R-Ende vor den 2 Rdm je 1 M rechts verschränkt aus dem Querfaden zunehmen (= 21 M). In der 209., 211. und 213. R am R-Anfang nach der Rdm je 2 M rechts überzogen zusstr (= 18 M).

Mütze und Schal gegengleich weiterstr. Hierfür in der 215., 217. und 219. R am R-Anfang nach der Rdm je 1 M rechts verschränkt aus dem Querfaden zunehmen (= 21 M). In der 223. und 233. R am R-Ende vor den Rdm je 2 M rechts zusstr (= 19 M). Ab der 253. R am R-Anfang und -Ende wieder je 2 M als Rdm arb und mit den Abnahmen für den Schal beginnen. In der 253. R und noch 4x in jeder 4. R am R-Anfang jeweils die 3. + 4. M rechts überzogen zusstr (= 14 M). In der 395., 397. und 399. R jeweils die 3. + 4. M am R-Anfang rechts überzogen zusstr und vor dem R-Ende die dritt- und viertletzte M rechts zusstr (= 8 M). Für den Umbruchrand zur Tasche in der 401. R die 3.-6. M links str. Weiter glatt links arb. In der 402., 404. und 406. R am R-Anfang nach der 2. M und am R-Ende vor der vorletzten M je 1 M rechts verschränkt aus dem Querfaden zunehmen (= 14 M). Glatt rechts weiterstr. Nach der 423. R noch 3 R kraus rechts str. Die M abk.

Ohren Für ein Ohr jeweils zweifädig 10 M in Anthrazit und 8 M in Taupe mit Nd 8,0 mm anschl. In Intarsientechnik (siehe Seite 66) arb und nach Strickschrift str. Nach der 5. R den Faden in Taupe abschneiden und damit die 2 M in Taupe zuziehen. In Anthrazit weiterstr, nach der 7. R den Faden abschneiden und damit die 2 M zuziehen. Die seitliche Naht im Matratzenstich (siehe Seite 67) schließen. Das 2. Ohr genauso arb.

Tatzen Für die mittlere Fläche mit den dünneren Stricknd 11 M in Schwarz anschl und 2 R glatt rechts str.
3. R (= Hinr): 1 M rechts, 2 M rechts überzogen zusstr, 5 M rechts, 2 M rechts zusstr und 1 M rechts str (= 9 M).
4., 6., 8. und 10. R (= Rückr): Alle M links str.
5. R: Alle M rechts str.
7. R: 1 M rechts, 2 M rechts überzogen zusstr, 3 M rechts, 2 M rechts zusstr und 1 M rechts str (= 7 M).
9. R: 1 M rechts, 2 M rechts überzogen zusstr, 1 M rechts, 2 M rechts zusstr und 1 M rechts str (= 5 M).
Den Faden abschneiden und damit die letzten 5 M zuziehen. Eine 2. Fläche arb. Noch 8 einzelne, leicht ovale, schwarze Flächen aus je 5 fM in 1 Rd häkeln (siehe Seite 69).

Fertigstellen Zunächst die rückwärtige Naht der Mütze entlang der Nahtränder im Matratzenstich (siehe Seite 67) schließen.
Die Schalenden jeweils am Umbruchrand so auf die rechte Seite hochklappen, dass die rechts gestr Taschenseite außen liegt. Die seitlichen Nähte im Matratzenstich schließen. Auf den Taschenrückseiten je eine größere Fläche mit der Spitze in Richtung Schalende und 4 kleine Ovale darüber anordnen. Ringsum im Steppstich (siehe Seite 71) annähen. Die Ohren etwas unterhalb der Mützenmitte ringsum im Matratzenstich annähen. Die Fadenenden vernähen. Die Schalmütze anfeuchten, spannen und gut trocknen lassen.

GRUNDANLEITUNG
STRICKEN

Einfache Abnahmen
Für eine einfache Abnahme mit Rechtsneigung 2 Maschen rechts zusammenstricken.

Für eine einfache Abnahme mit Linksneigung 2 Maschen rechts überzogen zusammenstricken, dafür 1 Masche wie zum Rechtsstricken abheben, nächste Masche rechts stricken und abgehobene Masche überziehen.

Doppelte Abnahmen
Für eine doppelte Abnahme mit Überzug die 1. Masche wie zum Rechtsstricken abheben, die 2. und 3. Masche rechts zusammenstricken und die abgehobene Masche überziehen.

Für eine doppelte Abnahme mit aufliegender Mittelmasche 2 Maschen wie zum Rechtsstricken zusammen abheben, die 3. Masche rechts stricken und die beiden abgehobenen Maschen überziehen.

Rechts verschränkte Zunahme aus dem Querfaden Den Querfaden mit der linken Nadel von vorn nach hinten aufnehmen und mit der rechten Nadel von rechts nach links in das hintere Maschenglied stechen.
Den Faden mit der rechten Nadel durch den Querfaden ziehen – er hat sich verdreht. Dann den Querfaden von der linken Nadel gleiten lassen.

Maschen aufstricken Mit der rechten Nadel zwischen den 2 ersten Maschen der linken Nadel hindurchstechen, den Faden erfassen und nach vorne durchziehen. Die Schlinge nach links drehen und als neue Masche vor die 1. Masche auf der linken Nadel hängen. Diesen Vorgang fortlaufend wiederholen.

Rundstricken mit dem Nadelspiel Je nach Maschenanzahl und Strickstück mit 3 oder 4 Nadeln in der Runde stricken. Die benötigte Anzahl an Maschen anschlagen, gleichmäßig auf die Nadeln verteilen und zur Runde schließen. Darauf achten, dass sich der Anschlagrand nicht verdreht. Mit der noch freien Nadel bei der zuerst angeschlagenen Masche beginnen und nacheinander die Maschen der 1. Nadel abstricken. Die frei gewordene Nadel nun zum Abstricken der Maschen auf der 2. Nadel verwenden. Dies fortlaufend wiederholen.

Maschenmarkierer Um den Anfang einer Runde oder bestimmte Positionen innerhalb einer Reihe oder Runde zu kennzeichnen, sind Maschenmarkierer eine gute Hilfe. Der Maschenmarkierer wird jeweils von der einen mit auf die andere Nadel gehoben und wandert so Reihe für Reihe oder Runde für Runde mit.

Verkürzte Reihe mit Umschlag stricken Die entsprechende Anzahl an Maschen bis zur Wendestelle stricken und die Arbeit wenden.
Die nächste Reihe mit 1 Umschlag beginnen und zurückstricken.

Intarsientechnik Aneinander grenzende Farbflächen in Intarsientechnik arbeiten. Für jede Farbfläche ein separates Knäuel oder einen separaten Faden verwenden. Beim Farbwechsel die Fäden auf der Rückseite der Arbeit miteinander verkreuzen, damit keine Löcher entstehen. Den bisherigen Faden unberücksichtigt lassen und mit dem nächsten Faden weiterstricken. Damit der Übergang nicht zu locker wird, den bisherigen Faden nach 1-2 Maschen mit dem nächsten Faden noch einmal etwas anziehen.

Nahtrand Die Randmaschen in den Hinreihen rechts, in den Rückreihen links stricken. Hierdurch entstehen flache Ränder mit 1 Masche pro Reihe, die im Anschluss gut im Matratzenstich verbunden werden können.

Strickt man in der folgenden oder einer späteren Reihe wieder über diese Wendestelle hinweg, so wird der Umschlag mit der folgenden Masche zusammengestrickt, damit kein Loch entsteht.

Matratzenstich Die Strickteile mit den rechten Seiten nach oben nebeneinander legen, so dass die zu verbindenden Ränder zusammentreffen. Mit der Naht am unteren Rand beginnen. Zunächst die Anschlagreihen miteinander verbinden, dafür den Querfaden zwischen der Randmasche und der 1. Masche der einen Seite, dann zwischen der Randmasche und 1. Masche der anderen Seite von unten nach oben auffassen. Die Ränder mit dem Nähfaden zusammenziehen. Dann immer zwischen dem einen und anderen Rand wechseln, dabei jeweils 1-2 Querfäden zwischen der letzten Masche und Randmasche sowie der Randmasche und 1. Masche mit der Nadel fassen und den Nähfaden durchziehen. Den Nähfaden stets nach 2-4 Stichen anziehen, damit sich ein gleichmäßiges Strickbild ergibt.

**Maschen offen anschlagen
Gehäkelt mit Luftmaschenkette** Mit einer Häkelnadel und einem Hilfsfaden eine Kette aus Luftmaschen häkeln. So viele Maschen, wie für den Anschlag notwendig sind, häkeln, 5 zusätzliche Maschen häkeln und das Fadenende durch die letzte Masche ziehen.
Mit einer Stricknadel und dem Strickgarn bei der vorletzten Luftmasche beginnen und aus den Schlaufen auf der Rückseite der Luftmaschenkette die benötigte Anzahl an Maschen auffassen. Später die Luftmaschenkette wieder auftrennen und die frei werdenden Maschen mit einer Stricknadel auffangen.

Gestrickt mit Kontrastfaden Mit einem kontrastfarbenen Garn die benötigte Maschenzahl anschlagen und einige Reihen glatt rechts stricken. Den Faden abschneiden und mit dem Strickgarn weiterarbeiten. Später die Maschen an der Übergangsstelle mit einer Stricknadel aufnehmen und den Kontrastfaden vorsichtig herausziehen.

Maschen am Rand auffassen Mit der Nadel in die Mitte der Masche einstechen, den Faden erfassen und nach vorne durch die Masche ziehen. Auf diese Weise die gewünschte Anzahl an Maschen aufnehmen.

HÄKELN

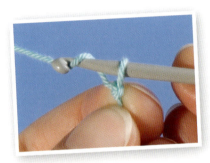

Feste Maschen In der 1. R * mit der Häkelnadel so durch die Luftmasche stechen, dass zwei Schlingen der Luftmasche auf der Nadel liegen. Den Faden mit der Nadel fassen und durch die Luftmasche ziehen. Auf der Häkelnadel liegen nun zwei Schlingen. Den Faden erneut fassen und durch die beiden Schlingen auf der Nadel ziehen. Ab * fortlaufend wiederholen.

Luftmaschen Eine Anfangsschlinge bilden und auf die Häkelnadel schieben. Mit der Häkelnadel nun den Faden fassen und durch die Anfangsschlinge auf der Nadel ziehen. Den Faden erneut fassen und wiederum durch die Schlinge ziehen. Dies fortlaufend wiederholen.

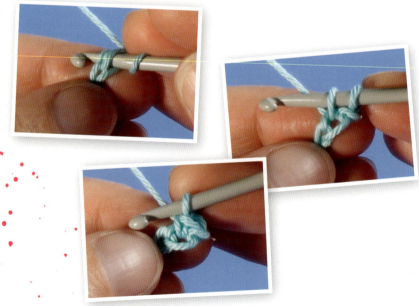

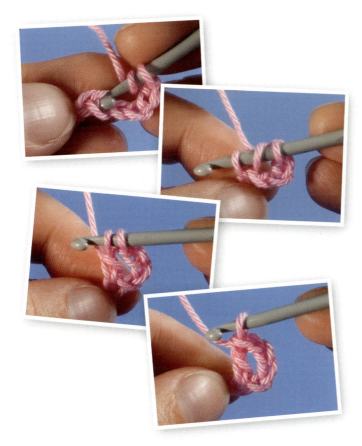

In der Runde häkeln Mit 1 Schlinge wie zum Anfang einer Luftmaschenkette beginnen und 2 Luftmaschen häkeln. Die Anfangsschlinge etwas vergrößern und mit der Häkelnadel durch die Schlinge stechen. Den Faden holen und 1 feste Masche häkeln. In gleicher Weise fortfahren und die jeweils angegebene Anzahl an Maschen heraushäkeln.

Den Kreis mit einer Kettmasche schließen. Hierfür mit der Häkelnadel unter dem querliegenden Abmaschglied der 1. festen Masche hindurch stechen, den Faden holen und durch die Schlinge auf der Nadel ziehen. Die 2. Runde mit einer Luftmasche beginnen. Anschließend in jede feste Masche der 1. Runde je 2 feste Maschen häkeln und den Kreis mit einer Kettmasche schließen. Die folgenden Runden in gleicher Weise arbeiten und die Maschenzahl kontinuierlich erhöhen. Hierfür in der 3. Rd in die Maschen der 2. Runde im Wechsel 1x 1 feste Masche und 1x 2 feste Maschen häkeln und in der 4. Rd in die Maschen der 3. Runde im Wechsel 2x 1 feste Masche und 1x 2 feste Maschen häkeln.

Einfache Stäbchen Zunächst 1 Umschlag um die Häkelnadel legen und dann in die Luftmasche des Anschlags einstechen. Den Faden mit der Nadel fassen und durch die Luftmasche ziehen. Auf der Häkelnadel liegen nun 3 Schlingen. Den Faden erneut fassen und durch die ersten 2 Schlingen ziehen. Es verbleiben 2 Schlingen auf der Nadel. Den Faden ein weiteres Mal fassen und durch die verbliebenen 2 Schlingen ziehen.

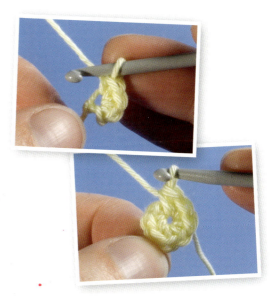

FERTIGSTELLEN

Fransen Die Fäden in etwas mehr als der doppelten Fransenlänge zuschneiden. Einen oder mehrere Fäden doppelt legen und die Schlinge mit der Häkelnadel durch die Stelle des Gestricks ziehen, an der die Franse eingeknüpft werden soll. Dann die Fadenenden mit der Häkelnadel greifen und durch diese Schlinge ziehen. Die Fadenenden fest anziehen.

Pompons 2 Pappscheiben in Pompongröße ausschneiden. Ein Drittel des Durchmessers als Loch mittig aus den Scheiben herausschneiden. Die Scheiben aufeinander legen und dicht mit Wolle umwickeln, bis das Loch ausgefüllt ist. Mit einer spitzen Schere das umwickelte Garn zwischen den Pappscheiben aufschneiden. Den Pompon mit einem festen Faden zwischen den Scheiben gut abbinden und die Fadenenden fest miteinander verknoten. Die Pappscheiben zerschneiden und entfernen. Den Pompon etwas in Form schneiden. Alternativ können auch entsprechende Pompon-Sets aus dem Fachhandel verwendet werden.

Gestickter Maschenstich Mit der Sticknadel zunächst von der Rückseite aus durch die Masche unterhalb der zu bestickenden Masche stechen und den Faden zur Vorderseite durchziehen. Nun rechts oben neben der Masche wieder auf die Rückseite durchstechen, den Faden hinter der Arbeit um 1 Masche nach links führen und wieder nach vorne durchstechen. Nach unten zur Maschenspitze fahren und nach hinten durchstechen. Hierdurch wird eine Masche überstickt. Sollen mehrere Maschen überstickt werden, mit der Nadel direkt im Anschluss aus der Masche unterhalb der als nächstes zu bestickenden Masche wieder ausstechen.

Strickkordel Die gewünschte Anzahl an Maschen auf einer Nadelspielnadel anschlagen und eine Reihe rechte Maschen stricken. Anschließend alle Maschen zurück an das andere Ende der Nadel schieben, wieder rechte Maschen stricken, dabei den Faden bei der 1. Masche fest anziehen. So stets von der gleichen Seite aus rechte Maschen stricken. Dies bis zur gewünschten Länge wiederholen. Es entsteht eine runde Kordel. Den Faden abschneiden und damit die Maschen zusammenziehen. Die Kordel im Anschluss zwischen den Handflächen etwas rollen, damit sie schön rund wird.

Steppstiche **Stielstiche** **Spannstiche** **Plattstiche**

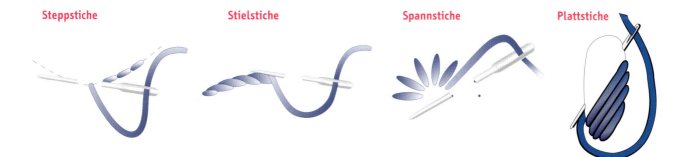

STRICK-SCHRIFTEN

GIRAFFE Seite 20

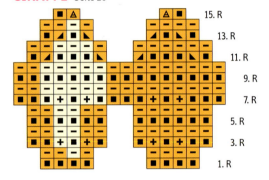

- ■ = 1 Masche rechts
- − = 1 Masche links
- + = 1 Masche rechts verschränkt aus dem Querfaden zunehmen
- ◤ = 2 Maschen rechts zusammenstricken
- ◣ = 1 Masche wie zum Rechtsstricken abheben, nächste Masche rechts stricken, abgehobene Masche überziehen
- △ = 3 Maschen rechts überzogen zusammenstricken: 1 Masche wie zum Rechtsstricken abheben, 2 Maschen rechts zusammenstricken, abgehobene Masche überziehen
- ▨ = Masche in Gelb stricken
- ▢ = Masche in Natur stricken

SCHIMPANSE Seite 42

- ■ = 1 Masche rechts
- − = 1 Masche links
- ◣ = 1 Masche wie zum Rechtsstricken abheben, nächste Masche rechts stricken, abgehobene Masche überziehen
- ◤ = 2 Maschen rechts zusammenstricken
- ▢ = Masche in Natur meliert stricken
- ▨ = Masche in Toffee stricken

Grundanleitung | Strickschriften

ALIEN Seite 23

OHR

AUGE

■ = 1 Masche rechts
✛ = 1 Masche rechts verschränkt aus dem Querfaden zunehmen
◢ = 2 Maschen rechts zusammenstricken
◣ = 1 Masche wie zum Rechtsstricken abheben, nächste Masche rechts stricken, abgehobene Masche überziehen
△ = 3 Maschen rechts überzogen zusammenstricken: 1 Masche wie zum Rechtsstricken abheben, 2 Maschen rechts zusammenstricken, abgehobene Masche überziehen

TIGER Seite 34

■ = 1 Masche rechts
— = 1 Masche links
▪ = Masche in Terra stricken
□ = Masche in Wollweiß stricken

WOLF Seite 61

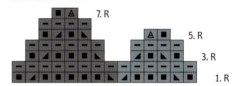

■ = 1 Masche rechts
— = 1 Masche links
◢ = 2 Maschen rechts zusammenstricken
◣ = 1 Masche wie zum Rechtsstricken abheben, nächste Masche rechts stricken, abgehobene Masche überziehen
△ = 3 Maschen rechts überzogen zusammenstricken: 1 Masche wie zum Rechtsstricken abheben, 2 Maschen rechts zusammenstricken, abgehobene Masche überziehen
▪ = Masche in Anthrazit stricken
▫ = Masche in Taupe stricken

78

PANDABÄR Seite 30

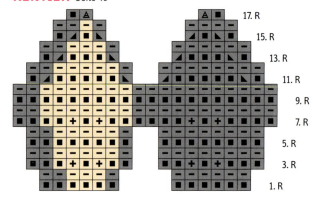

■ = 1 Masche rechts
− = 1 Masche links
□ = Masche in Wollweiß stricken
■ = Masche in Schwarz stricken

RENTIER Seite 46

■ = 1 Masche rechts
− = 1 Masche links
+ = 1 Masche rechts verschränkt aus dem Querfaden zunehmen
◢ = 2 Maschen rechts zusammenstricken
◣ = 1 Masche wie zum Rechtsstricken abheben, nächste Masche rechts stricken, abgehobene Masche überziehen
△ = 3 Maschen rechts überzogen zusammenstricken: 1 Masche wie zum Rechtsstricken abheben, 2 Maschen rechts zusammenstricken, abgehobene Masche überziehen
■ = Masche in Anthrazit stricken
□ = Masche in Sand stricken

Grundanleitung | Strickschriften

HUND Seite 55
MÜTZE

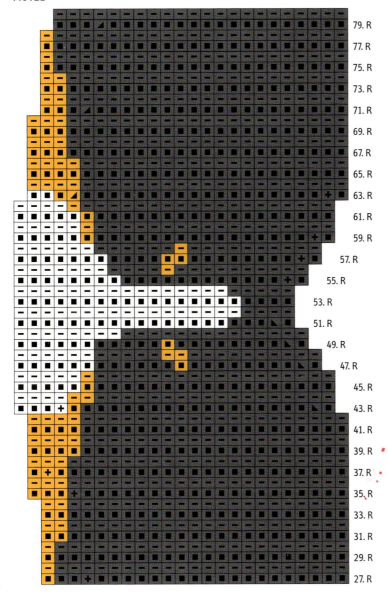

OHREN

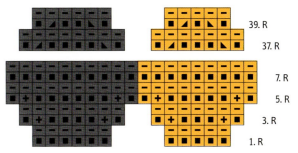

- ■ = 1 Masche rechts
- − = 1 Masche links
- + = 1 Masche rechts verschränkt aus dem Querfaden zunehmen
- ◢ = 2 Maschen rechts zusammenstricken
- ◣ = 1 Masche wie zum Rechtsstricken abheben, nächste Masche rechts stricken, abgehobene Masche überziehen
- ☐ = Masche in Wollweiß stricken
- ▨ = Masche in Maisgelb stricken
- ▨ = Masche in Schwarz stricken

KAISERPINGUIN Seite 36

	= 1 Masche rechts
	= 1 Masche links
	= Masche in Wollweiß stricken
	= Masche in Schwarz stricken

Grundanleitung | Strickschriften

ZEBRA Seite 58
MÜTZE

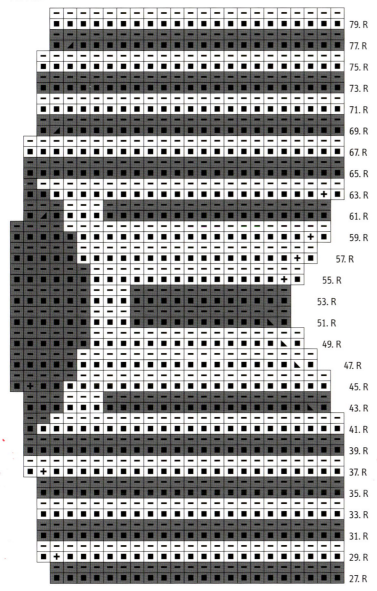

OHREN

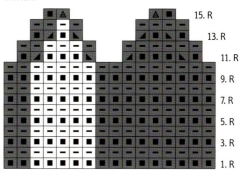

- ■ = 1 Masche rechts
- – = 1 Masche links
- + = 1 Masche rechts verschränkt aus dem Querfaden zunehmen
- ◢ = 2 Maschen rechts zusammenstricken
- ◣ = 1 Masche wie zum Rechtsstricken abheben, nächste Masche rechts stricken, abgehobene Masche überziehen
- □ = Masche in Wollweiß stricken
- ▨ = Masche in Schwarz stricken

BUCHTIPPS

TOPP 6744
ISBN 978-3-7724-6744-8

TOPP 6902
ISBN 978-3-7724-6902-2

Buchtipps

TOPP 6753
ISBN 978-3-7724-6753-0

TOPP 6783
ISBN 978-3-7724-6783-7

TOPP 6778
ISBN 978-3-7724-6778-3

TOPP 6780
ISBN 978-3-7724-6780-6

IMPRESSUM

Lydia Klös ist in Hamm/Westfalen geboren. Seit ihrer Kindheit ist sie ein leidenschaftlicher Bastelfan. Ihr Hobby sollte jedoch erst später zu ihrem Beruf werden. Durch ihre Kindheit auf dem Bauernhof geprägt studierte Lydia Klös Biologie. Einige Jahre führte sie nebenbei einen kleinen Bastelladen und legte als einzige Deutsche die Prüfung zur CPD (Certified Professional Demonstrator) durch den Verband der amerikanischen Bastelindustrie ab. Heute lebt Lydia Klös mit ihrer Familie in Berlin und ist neben ihrer Tätigkeit als Buchautorin und Schmuckdesignerin auch viel als Vorführkraft und Workshopleiterin unterwegs.

Ein herzliches Dankeschön an den Berliner Zoo, die äußerst freundlichen, hilfsbereiten Mitarbeiter und ganz besonders Herrn Heiner Klös.

Wir danken außerdem der Firma Coats für die freundliche Unterstützung mit Garn: Coats GmbH, Kenzing, www.knitsmc.com.

Fotos: frechverlag Stuttgart; Fotostudio Ullrich & Co., Renningen (Schrittfotos); lichtpunkt, Michael Ruder, Stuttgart (alle anderen Bilder)
Produktmanagement: Nina Armbruster
Lektorat: Edeltraut Söll, Offenburg
Layout und Gestaltung: Petra Theilfarth
Druck und Bindung: GRASPO CZ, a.s, Tschechien

Materialangaben und Arbeitshinweise in diesem Buch wurden von der Autorin und den Mitarbeitern des Verlags sorgfältig geprüft. Eine Garantie wird jedoch nicht übernommen. Autoren und Verlag können für eventuell auftretende Fehler oder Schäden nicht haftbar gemacht werden. Das Werk und die darin gezeigten Modelle sind urheberrechtlich geschützt. Die Vervielfältigung und Verbreitung ist, außer für private, nicht kommerzielle Zwecke, untersagt und wird zivil-und strafrechtlich verfolgt. Dies gilt insbesondere für eine Verbreitung des Werkes durch Fotokopien, Film, Funk und Fernsehen, elektronische Medien und Internet sowie für eine gewerbliche Nutzung der gezeigten Modelle. Bei Verwendung im Unterricht und in Kursen ist auf dieses Buch hinzuweisen.

1. Auflage 2013

© 2013 **frechverlag** GmbH, 70499 Stuttgart
ISBN 978-3-7724-6330-3 • Best.-Nr. 6330

HILFESTELLUNG ZU ALLEN FRAGEN, DIE MATERIALIEN UND KREATIVBÜCHER BETREFFEN: FRAU ERIKA NOLL BERÄT SIE. RUFEN SIE AN: 05052/91 18 58*

*normale Telefongebühren